JN232185

税理士大家さん流

キャッシュが激増する無敵の経営

大家さん専門　税理士・司法書士

渡邊浩滋

ぱる出版

大家を目指している不動といいます
今日はよろしくお願いします

こちらこそ
よろしくお願いします

税理士大家さん　渡邊浩滋
渡邊浩滋総合事務所代表。
一般社団法人大家さんの道しるべ代表理事。
大学在学中に司法書士試験に合格し、大学卒業後総合商社に入社。
退職後、税理士試験に合格。
家業である賃貸経営を引き継ぎ、預金0円という状況から
1400万円残るまでに改善。
2011年に独立開業。
税理士の視点と大家の視点からアパート経営を支援するために活動中

さっそくですが
不動さんは何で大家を
目指してるんですか？

不動産投資は手間がかからないからです
「管理会社に任せられるから会社員でもできる」
ってよく本に書いてあるので

なるほど

じゃ
やめておいた方が
良いですね

早っ！
なんで!?

先生は大家さんなんですよね？
自分がそうなのに
人に薦めないって
おかしくないですか？

私の場合
「大家になった」というより
「なっちゃった」なんです

本当いうと
最初はやりたくありませんでした…

当時私は会社を辞め
税理士を目指して猛勉強中でした

浩滋！
固定資産税を払えなくなったわ
このままだと差し押さえよ！

実家は祖父が相続税対策で建築した
５棟86室の収益物件で生計を立ててました

対策①物件のチラシを作成＆不動産屋さんへ営業回り
対策②銀行と金利交渉＆融資
対策③過去２０年以上ほったらかしだった建物の修繕

〇〇マンション
大規模改修工事中

支出を減らすために
親の生活費まで削り

なんとか半年間後には
経営がトントンより
ちょいプラス
今では手残り年間約1,400万円
まで回復しました

※手残り＝（金品などで）手元にとどまる分

何もしなくて儲かるなんて
幻想ですよ
放っておいたら借金＋持ち出しに
だってなるんです

賃貸経営が甘くないって
分かってもらえましたか？

うまくやれば儲かるんだなって
分かりました

……………

でも
そのまま専業の大家さんに
なろうと
思わなかったんですか？

当時の顧問税理士は
役に立たなかったことが
大きかったですね

当時の税理士は「税理士の
立場からすると
節税を考えて利益は減らすべき」
と私に言ってきましたから

えと
どういう意味ですか？

賃貸経営でキャッシュを
増やすには３つしか
無いんですよ

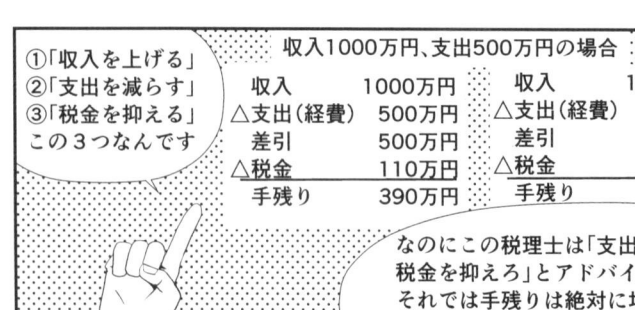

第1章

手残りの減少を乗り越える
たった1つの方法

第2章

超シンプルに
キャッシュフロー表を作ろう

第 3 章

キャッシュフローの超改善①
お金をかけずに収入を効率的に増やす！

第 4 章

キャッシュフローの超改善②
ケチケチしなくても支出は驚異的に減らせる！

第 5 章

キャッシュフローの超改善③
最低限の知識で税金を減らす無敵のテクニック

カバーデザイン・本文デザイン…橘英里

第1章

手残りの減少を
乗り越える
たった1つの方法

衰退産業である
賃貸経営で「勝ち組大家」に
なるために

◉ 賃貸経営はラクして儲かる？

「これから賃貸経営を始めたい」

　そんな相談を受けるたびに、

「なぜ賃貸経営なのですか?」

「他の事業や投資ではだめなのですか?」

　と聞くようにしています。

「賃貸経営は楽に儲かる」

「自己資金がなくても始められる」

「管理を任せられるから副業にはもってこい」

　そんな甘い言葉に惑わされて、賃貸経営に参入しようとする方が後を絶ちません。

　私は、このような理由を答える方には、

　「やめたほうがよい」

とキッパリと言うようにしています。

　国土交通省が発表した平成29年11月の住宅着工の動向によると、アパートなどの貸家の建設は前年同月比で2.9%減と6カ月連続でマイナスとなっているとのこと。

　平成27年に相続税が増税になるとのことで、相続税の節税

になるからと、アパート建築が増加してきました。需要が伴わない供給過剰な状況に警鐘を鳴らすように、金融機関がアパートローンを控えるようになったことが原因のようです。

　これから日本の人口は減っていくことが予測されます。

　明らかに需要と供給のバランスが崩れている現状では、

　賃貸経営は、衰退産業

と言っても過言ではないでしょう。

「賃貸経営は甘くない」

　私が、実家のアパート経営を引き継いで約10年、実際に経営してきて感じていることです。

　自分で事業をするということは、自己責任です。

　建築会社、不動産会社、金融機関、コンサルタント、税理士などの専門家、失敗しても、誰一人責任を取ってはくれません。

「厳しい市場の中、勝ち残っていく覚悟はあるのか?」

　覚悟がない方は、最初からやらない方がマシ。

　私の実家がそうだったように、賃貸経営が上手くいかず、苦しむ姿を見たくはないのです。

◉ 賃貸需要は今より多くなる？

　賃貸市場は厳しいとしても、賃貸経営が全てなくなるとは、一切思いません。

いくら人口が減少しても、賃貸の需要は少なからずあると思いますし、今の若い方々の思考は、所有することにステータスを感じず、物を借りたり、シェアをすることに合理性を感じている方が多いのではないでしょうか。

　終身雇用が当たり前ではなくなった働き方では、30年以上の住宅ローンを組んで持家を持つこと自体にリスクを感じ、賃貸に居住することを選択することの方が自然なのかもしれません。

　ですから、もしかしたら、

 　賃貸の需要は、今よりも多くなる

気もしています。

　しかし、明らかな供給過剰な状況では、絶対的に需要の方が小さいことには間違いありません。

　私は、この先どんどん賃貸経営における二極化が進んでいくと思っています。

　それは、

 　「勝ち組大家」と「負け組大家」です

　覚悟をもって努力する大家さんは、勝ち組となり、覚悟がなく、人任せで何もしない大家さんは、負け組となるでしょう。

　これは将来的な話ではなく、すでに現実に起きていると感じています。

都心部から離れた地方で賃貸経営されている方は、切実な状況です。

人口減少が激しく、空室がなかなか埋まらず、厳しい賃貸経営を強いられています。

そんな中でも、成功している地方の大家さんがいらっしゃいます。

共通して言えるのは、

[勝ち組大家の共通項]

- ・購入する物件を厳選している。
- ・管理会社さんとよいパートナーシップを築き、空室を素早く埋めている。
- ・斬新なデザインを取り入れた外観、部屋づくりを研究している。
- ・収入を上げること、支出を減らすことの勉強に余念がない。

という点です。彼ら曰く、

「まわりの大家さんが何もしない分、地方のほうが勝てる確率は高い」

賃貸経営は、まだまだやり方次第、まだまだ発展途上の事業と思わせられます。

甘い事業計画書に
だまされない3つの視点

◉ 業者任せの事業計画書は甘い設定が多い

　賃貸物件を建築しようとする場合や購入しようとする場合に、ハウスメーカーや不動産会社が、事業計画を出すことがよくあります。

　事業計画とは、将来どのくらい収入を得られるのか、どのくらい手残りがあるのかを予測した計画表になります（妥当な事業計画の例は次ページ）。ここで気を付けなければならないのが、**この事業計画を鵜のみにしていいのか**、ということです。事業計画は、あくまでも予測の数値です。

 参考値にすぎません

　この計画通りにならなかったとしても、それは自己責任でしかありませんので、しっかりと自分の目で事業計画を信じるか、信じないのか判断しなければなりません。

　ハウスメーカーや不動産会社は、「建てさせたい」「購入して欲しい」という思いから、事業計画の見通しを甘くして、いかにも儲かるような計画を立てることがあります。

　特に、気を付けてみていただきたいのは、家賃・修繕費・税金の3つです。

［妥当な事業計画の例］

区分	項目	1	2	3	4	5	6	7	8	9	10	11	12	13	14	15	16	17	18	19	20
	経過年数	1	2	3	4	5	6	7	8	9	10	11	12	13	14	15	16	17	18	19	20
所得計算	家賃収入	20,000	20,000	20,000	20,000	20,000	20,000	20,000	20,000	20,000	20,000	19,800	19,602	19,405	19,211	19,019	18,829	18,641	18,454	18,270	18,087
	空室損失	600	600	600	1,000	1,000	1,000	1,000	1,000	1,000	1,000	1,980	1,960	1,941	1,921	1,902	2,824	2,796	2,768	2,741	2,713
	NET家賃収入	19,400	19,400	19,400	19,000	19,000	19,000	19,000	19,000	19,000	19,000	17,820	17,642	17,465	17,290	17,117	16,005	15,845	15,686	15,530	15,374
	租税公課	2,000	2,000	2,000	2,000	2,000	2,000	2,000	2,000	2,000	2,000	2,000	2,000	2,000	2,000	2,000	2,000	2,000	2,000	2,000	2,000
	支払利息	5,965	5,855	5,752	5,647	5,537	5,425	5,309	5,189	5,066	4,939	4,809	4,674	4,535	4,392	4,245	4,093	3,937	3,776	3,609	3,438
	減価償却（建物）	3,080	3,080	3,080	3,080	3,080	3,080	3,080	3,080	3,080	3,080	3,080	3,080	3,080	3,080	3,080	3,080	3,080	3,080	3,080	3,080
	減価償却（附属設備）	4,020	4,020	4,020	4,020	4,020	4,020	4,020	4,020	4,020	4,020	4,020	4,020	4,020	4,020	3,720					
	修繕費その他	0	400	400	600	600	600	600	600	600	600	990	980	970	961	951	1,506	1,491	1,476	1,462	1,447
	大規模修繕										5,000										6,000
	諸経費	1,000	1,000	1,000	1,000	1,000	1,000	1,000	1,000	1,000	1,000	1,584	1,568	1,552	1,537	1,522	1,506	1,491	1,476	1,462	1,447
	青色・特別控除	0	0	0	650	650	650	650	650	650	0	650	650	650	650	650	650	650	650	650	0
	不動産所得	3,335	3,045	3,148	2,003	2,113	2,225	2,341	2,461	2,584	(1,639)	687	669	656		950	3,169	3,196	3,228	3,267	(2,038)
	他の所得	6,000	6,000	6,000	6,000	6,000	6,000	6,000	6,000	6,000	6,000	1,500	1,500	1,500	1,500	1,500	1,500	1,500	1,500	1,500	1,500
	所得控除	2,000	2,000	2,000	2,000	2,000	2,000	2,000	2,000	2,000	2,000	2,000	2,000	2,000	2,000	2,000	2,000	2,000	2,000	2,000	782
	課税所得	7,335	7,045	7,148	6,003	6,113	6,225	6,341	6,461	6,584	2,361	(187)	169	156	150	450	2,669	2,696	2,728	2,767	(1,320)
キャッシュフロー計算	収入	19,400	19,400	19,400	19,000	19,000	19,000	19,000	19,000	19,000	19,000	17,820	17,642	17,465	17,290	17,117	16,005	15,845	15,686	15,530	15,374
	租税公課	2,000	2,000	2,000	2,000	2,000	2,000	2,000	2,000	2,000	2,000	2,000	2,000	2,000	2,000	2,000	2,000	2,000	2,000	2,000	2,000
	借入返済（元本＋利息）	9,236	9,236	9,236	9,236	9,236	9,236	9,236	9,236	9,236	9,236	9,236	9,236	9,236	9,236	9,236	9,236	9,236	9,236	9,236	9,236
	修繕費	0	400	400	600	600	600	600	600	600	600	990	980	970	961	951	1,506	1,491	1,476	1,462	1,447
	諸経費	1,000	1,000	1,000	1,000	1,000	1,000	1,000	1,000	1,000	1,000	1,584	1,568	1,552	1,537	1,522	1,506	1,491	1,476	1,462	1,447
	税金（所得税・住民税）	1,807	1,709	1,744	1,390	1,424	1,458	1,493	1,529	1,567	0	0	0	0	23	68	440	446	452	460	0
	他の所得税金	772	772	772	772	772	772	772	772	772	772	0	0	0	0	0	0	0	0	0	0
	大規模修繕積立金	555	555	555	555	555	555	555	555	555	555	600	600	600	600	600	600	600	600	600	700
	手残り	5,574	5,272	5,237	4,991	4,957	4,923	4,888	4,852	4,814	6,336	3,410	3,258	3,106	2,934	2,741	716	581	445	310	544
	手残り累計	5,574	10,846	16,083	21,074	26,031	30,954	35,842	40,694	45,508	51,844	55,254	58,512	61,618	64,552	67,292	68,008	68,589	69,034	69,344	69,888

（単位：万円）

手残りの減少を乗り越えるたった1つの方法

［家賃が変わらない事業計画例］

	経過年数	1	2	3	4	5	6	7	8	9	10	11	12	13	14	15	16	17	18	19	20
所得計算	家賃収入	20,000	20,000	20,000	20,000	20,000	20,000	20,000	20,000	20,000	20,000	20,000	20,000	20,000	20,000	20,000	20,000	20,000	20,000	20,000	20,000
	租税公課	2,000	2,000	2,000	2,000	2,000	2,000	2,000	2,000	2,000	2,000	2,000	2,000	2,000	2,000	2,000	2,000	2,000	2,000	2,000	2,000
	支払利息	5,965	5,855	5,752	5,647	5,537	5,425	5,309	5,189	5,066	4,939	4,809	4,674	4,535	4,392	4,245	4,093	3,937	3,776	3,609	3,438
	減価償却（建物）	3,080	3,080	3,080	3,080	3,080	3,080	3,080	3,080	3,080	3,080	3,080	3,080	3,080	3,080	3,080	3,080	3,080	3,080	3,080	3,080
	減価償却（附属設備）	4,020	4,020	4,020	4,020	4,020	4,020	4,020	4,020	4,020	4,020	4,020	4,020	4,020	3,720						
	修繕費その他	0	400	400	600	600	600	600	600	600	600	1,000	1,000	1,000	1,000	1,600	1,600	1,600	1,600	1,600	1,600
	大規模修繕費										5,000										6,000
	諸経費	1,000	1,000	1,000	1,000	1,000	1,000	1,000	1,000	1,000	1,000	1,600	1,600	1,600	1,600	1,600	1,600	1,600	1,600	1,600	1,600
	青色・特別控除	0	0	0	650	650	650	650	650	650	0	650	650	650	650	650	650	650	650	650	650
	不動産所得	3,935	3,645	3,748	3,003	3,113	3,225	3,341	3,461	3,584	(639)	2,841	2,976	3,115	3,258	3,705	6,977	7,133	7,294	7,461	1,632
	他の所得	6,000	6,000	6,000	6,000	6,000	6,000	6,000	6,000	6,000	1,500	1,500	1,500	1,500	1,500	1,500	1,500	1,500	1,500	1,500	1,500
	所得控除	2,000	2,000	2,000	2,000	2,000	2,000	2,000	2,000	2,000	2,000	2,000	2,000	2,000	2,000	2,000	2,000	2,000	2,000	2,000	782
	課税所得	7,935	7,645	7,748	7,003	7,113	7,225	7,341	7,461	7,584	3,361	2,341	2,476	2,615	2,758	3,205	6,477	6,633	6,794	6,961	2,350
キャッシュフロー計算	収入	20,000	20,000	20,000	20,000	20,000	20,000	20,000	20,000	20,000	20,000	20,000	20,000	20,000	20,000	20,000	20,000	20,000	20,000	20,000	20,000
	租税公課	2,000	2,000	2,000	2,000	2,000	2,000	2,000	2,000	2,000	2,000	2,000	2,000	2,000	2,000	2,000	2,000	2,000	2,000	2,000	2,000
	借入返済（元本+利息）	9,236	9,236	9,236	9,236	9,236	9,236	9,236	9,236	9,236	9,236	9,236	9,236	9,236	9,236	9,236	9,236	9,236	9,236	9,236	9,236
	修繕費	0	400	400	600	600	600	600	600	600	600	1,000	1,000	1,000	1,000	1,600	1,600	1,600	1,600	1,600	1,600
	諸経費	1,000	1,000	1,000	1,000	1,000	1,000	1,000	1,000	1,000	1,000	1,600	1,600	1,600	1,600	1,600	1,600	1,600	1,600	1,600	1,600
	税金（所得税・住民）	2,008	1,910	1,945	1,696	1,732	1,770	1,809	1,849	1,890	580	374	401	429	485	549	1,534	1,582	1,631	1,681	376
	他の所得税金	772	772	772	772	772	772	772	772	772											
	大規模修繕積立金	555	555	555	555	555	555	555	555	555	600	600	600	600	600	600	600	600	600	600	700
	手残り	5,973	5,671	5,636	5,685	5,649	5,611	5,572	5,532	5,491	6,756	5,190	5,163	5,135	5,106	5,015	3,430	3,382	3,333	3,283	4,488
	手残り累計	5,973	11,644	17,280	22,966	28,615	34,266	39,798	45,330	50,821	57,577	62,767	67,930	73,064	78,170	83,186	86,615	89,997	93,330	96,613	101,101

（単位：万円）

［修繕費の見込みが甘い事業計画例］

<table>
<tbody>
<tr><th colspan="2">経過
年数</th><th>1</th><th>2</th><th>3</th><th>4</th><th>5</th><th>6</th><th>7</th><th>8</th><th>9</th><th>10</th><th>11</th><th>12</th><th>13</th><th>14</th><th>15</th><th>16</th><th>17</th><th>18</th><th>19</th><th>20</th></tr>
<tr><td rowspan="9">所得計算</td><td>家賃
収入</td><td>20,000</td><td>20,000</td><td>20,000</td><td>20,000</td><td>20,000</td><td>20,000</td><td>20,000</td><td>20,000</td><td>20,000</td><td>20,000</td><td>20,000</td><td>20,000</td><td>20,000</td><td>20,000</td><td>20,000</td><td>20,000</td><td>20,000</td><td>20,000</td><td>20,000</td><td>20,000</td></tr>
<tr><td>租税
公課</td><td>2,000</td><td>2,000</td><td>2,000</td><td>2,000</td><td>2,000</td><td>2,000</td><td>2,000</td><td>2,000</td><td>2,000</td><td>2,000</td><td>2,000</td><td>2,000</td><td>2,000</td><td>2,000</td><td>2,000</td><td>2,000</td><td>2,000</td><td>2,000</td><td>2,000</td><td>2,000</td></tr>
<tr><td>支払
利息</td><td>5,965</td><td>5,855</td><td>5,752</td><td>5,647</td><td>5,537</td><td>5,425</td><td>5,309</td><td>5,189</td><td>5,066</td><td>4,939</td><td>4,809</td><td>4,674</td><td>4,535</td><td>4,392</td><td>4,245</td><td>4,093</td><td>3,937</td><td>3,776</td><td>3,609</td><td>3,438</td></tr>
<tr><td>減価
償却
（建物）</td><td>3,080</td><td>3,080</td><td>3,080</td><td>3,080</td><td>3,080</td><td>3,080</td><td>3,080</td><td>3,080</td><td>3,080</td><td>3,080</td><td>3,080</td><td>3,080</td><td>3,080</td><td>3,080</td><td>3,080</td><td>3,080</td><td>3,080</td><td>3,080</td><td>3,080</td><td>3,080</td></tr>
<tr><td>減価
償却
（附属
設備）</td><td>4,020</td><td>4,020</td><td>4,020</td><td>4,020</td><td>4,020</td><td>4,020</td><td>4,020</td><td>4,020</td><td>4,020</td><td>4,020</td><td>4,020</td><td>4,020</td><td>4,020</td><td>4,020</td><td>3,720</td><td></td><td></td><td></td><td></td><td></td></tr>
<tr><td>修繕費
その他</td><td>0</td><td>400</td><td>400</td><td>400</td><td>400</td><td>400</td><td>400</td><td>400</td><td>400</td><td>400</td><td>400</td><td>400</td><td>400</td><td>400</td><td>400</td><td>400</td><td>400</td><td>400</td><td>400</td><td>400</td></tr>
<tr><td>諸経費</td><td>1,000</td><td>1,000</td><td>1,000</td><td>1,000</td><td>1,000</td><td>1,000</td><td>1,000</td><td>1,000</td><td>1,000</td><td>1,000</td><td>1,600</td><td>1,600</td><td>1,600</td><td>1,600</td><td>1,600</td><td>1,600</td><td>1,600</td><td>1,600</td><td>1,600</td><td>1,600</td></tr>
<tr><td>青色・
特別
控除</td><td>0</td><td>0</td><td>0</td><td>650</td><td>650</td><td>650</td><td>650</td><td>650</td><td>650</td><td>650</td><td>650</td><td>650</td><td>650</td><td>650</td><td>650</td><td>650</td><td>650</td><td>650</td><td>650</td><td>650</td></tr>
<tr><td>不動産
所得</td><td>3,935</td><td>3,645</td><td>3,748</td><td>3,203</td><td>3,313</td><td>3,425</td><td>3,541</td><td>3,661</td><td>3,784</td><td>3,911</td><td>3,441</td><td>3,576</td><td>3,715</td><td>3,858</td><td>4,305</td><td>8,177</td><td>8,333</td><td>8,494</td><td>8,661</td><td>8,832</td></tr>
<tr><td></td><td>他の
所得</td><td>6,000</td><td>6,000</td><td>6,000</td><td>6,000</td><td>6,000</td><td>6,000</td><td>6,000</td><td>6,000</td><td>6,000</td><td>6,000</td><td>1,500</td><td>1,500</td><td>1,500</td><td>1,500</td><td>1,500</td><td>1,500</td><td>1,500</td><td>1,500</td><td>1,500</td><td>1,500</td></tr>
<tr><td></td><td>所得
控除</td><td>2,000</td><td>2,000</td><td>2,000</td><td>2,000</td><td>2,000</td><td>2,000</td><td>2,000</td><td>2,000</td><td>2,000</td><td>2,000</td><td>2,000</td><td>2,000</td><td>2,000</td><td>2,000</td><td>2,000</td><td>2,000</td><td>2,000</td><td>2,000</td><td>2,000</td><td>782</td></tr>
<tr><td></td><td>課税
所得</td><td>7,935</td><td>7,645</td><td>7,748</td><td>7,203</td><td>7,313</td><td>7,425</td><td>7,541</td><td>7,661</td><td>7,784</td><td>7,911</td><td>2,941</td><td>3,076</td><td>3,215</td><td>3,358</td><td>3,805</td><td>7,677</td><td>7,833</td><td>7,994</td><td>8,161</td><td>9,550</td></tr>
<tr><td rowspan="8">キャッシュフロー計算</td><td>収入</td><td>20,000</td><td>20,000</td><td>20,000</td><td>20,000</td><td>20,000</td><td>20,000</td><td>20,000</td><td>20,000</td><td>20,000</td><td>20,000</td><td>20,000</td><td>20,000</td><td>20,000</td><td>20,000</td><td>20,000</td><td>20,000</td><td>20,000</td><td>20,000</td><td>20,000</td><td>20,000</td></tr>
<tr><td>租税
公課</td><td>2,000</td><td>2,000</td><td>2,000</td><td>2,000</td><td>2,000</td><td>2,000</td><td>2,000</td><td>2,000</td><td>2,000</td><td>2,000</td><td>2,000</td><td>2,000</td><td>2,000</td><td>2,000</td><td>2,000</td><td>2,000</td><td>2,000</td><td>2,000</td><td>2,000</td><td>2,000</td></tr>
<tr><td>借入
返済
（元本＋
利息）</td><td>9,236</td><td>9,236</td><td>9,236</td><td>9,236</td><td>9,236</td><td>9,236</td><td>9,236</td><td>9,236</td><td>9,236</td><td>9,236</td><td>9,236</td><td>9,236</td><td>9,236</td><td>9,236</td><td>9,236</td><td>9,236</td><td>9,236</td><td>9,236</td><td>9,236</td><td>9,236</td></tr>
<tr><td>修繕費</td><td>0</td><td>400</td><td>400</td><td>400</td><td>400</td><td>400</td><td>400</td><td>400</td><td>400</td><td>400</td><td>400</td><td>400</td><td>400</td><td>400</td><td>400</td><td>400</td><td>400</td><td>400</td><td>400</td><td>400</td></tr>
<tr><td>諸経費</td><td>1,000</td><td>1,000</td><td>1,000</td><td>1,000</td><td>1,000</td><td>1,000</td><td>1,000</td><td>1,000</td><td>1,000</td><td>1,000</td><td>1,600</td><td>1,600</td><td>1,600</td><td>1,600</td><td>1,600</td><td>1,600</td><td>1,600</td><td>1,600</td><td>1,600</td><td>1,600</td></tr>
<tr><td>税金
（所得税
・住税）</td><td>2,008</td><td>1,910</td><td>1,940</td><td>1,763</td><td>1,799</td><td>1,837</td><td>1,876</td><td>1,916</td><td>1,957</td><td>1,999</td><td>495</td><td>523</td><td>551</td><td>585</td><td>722</td><td>1,921</td><td>1,973</td><td>2,027</td><td>2,083</td><td>2,604</td></tr>
<tr><td>他の
所得
税金</td><td>772</td><td>772</td><td>772</td><td>772</td><td>772</td><td>772</td><td>772</td><td>772</td><td>772</td><td>772</td><td>0</td><td>0</td><td>0</td><td>0</td><td>0</td><td>0</td><td>0</td><td>0</td><td>0</td><td>0</td></tr>
<tr><td>手残り</td><td>6,528</td><td>6,226</td><td>6,191</td><td>6,373</td><td>6,337</td><td>6,299</td><td>6,260</td><td>6,220</td><td>6,179</td><td>6,137</td><td>6,269</td><td>6,241</td><td>6,213</td><td>6,179</td><td>6,042</td><td>4,843</td><td>4,791</td><td>4,737</td><td>4,681</td><td>4,160</td></tr>
<tr><td></td><td>手残り
累計</td><td>6,528</td><td>12,754</td><td>18,945</td><td>25,319</td><td>31,656</td><td>37,955</td><td>44,215</td><td>50,435</td><td>56,615</td><td>62,751</td><td>69,020</td><td>75,261</td><td>81,475</td><td>87,653</td><td>93,030</td><td>98,539</td><td>103,329</td><td>108,066</td><td>112,747</td><td>116,907</td></tr>
</tbody>
</table>

（単位：万円）

［税金を考慮していない事業計画例］

	経過年数	1	2	3	4	5	6	7	8	9	10	11	12	13	14	15	16	17	18	19	20
所得計算	家賃収入	20,000	20,000	20,000	20,000	20,000	20,000	20,000	20,000	20,000	20,000	20,000	20,000	20,000	20,000	20,000	20,000	20,000	20,000	20,000	20,000
	租税公課	2,000	2,000	2,000	2,000	2,000	2,000	2,000	2,000	2,000	2,000	2,000	2,000	2,000	2,000	2,000	2,000	2,000	2,000	2,000	2,000
	支払利息	5,965	5,855	5,752	5,647	5,537	5,425	5,309	5,189	5,066	4,939	4,809	4,674	4,535	4,392	4,245	4,093	3,937	3,776	3,609	3,438
	減価償却(建物)	3,080	3,080	3,080	3,080	3,080	3,080	3,080	3,080	3,080	3,080	3,080	3,080	3,080	3,080	3,080	3,080	3,080	3,080	3,080	3,080
	減価償却(附属設備)	4,020	4,020	4,020	4,020	4,020	4,020	4,020	4,020	4,020	4,020	4,020	4,020	4,020	4,020	3,720					
	修繕費その他	0	400	400	400	400	400	400	400	400	400	400	400	400	400	400	400	400	400	400	400
	諸経費	1,000	1,000	1,000	1,000	1,000	1,000	1,000	1,000	1,000	1,000	1,600	1,600	1,600	1,600	1,600	1,600	1,600	1,600	1,600	1,600
	不動産所得	3,935	3,645	3,748	3,853	3,963	4,075	4,191	4,311	4,434	4,561	4,091	4,226	4,365	4,508	4,955	8,827	8,983	9,144	9,311	9,482
キャッシュフロー計算	収入	20,000	20,000	20,000	20,000	20,000	20,000	20,000	20,000	20,000	20,000	20,000	20,000	20,000	20,000	20,000	20,000	20,000	20,000	20,000	20,000
	租税公課	2,000	2,000	2,000	2,000	2,000	2,000	2,000	2,000	2,000	2,000	2,000	2,000	2,000	2,000	2,000	2,000	2,000	2,000	2,000	2,000
	借入返済(元本+利息)	9,236	9,236	9,236	9,236	9,236	9,236	9,236	9,236	9,236	9,236	9,236	9,236	9,236	9,236	9,236	9,236	9,236	9,236	9,236	9,236
	修繕費	0	400	400	400	400	400	400	400	400	400	400	400	400	400	400	400	400	400	400	400
	諸経費	1,000	1,000	1,000	1,000	1,000	1,000	1,000	1,000	1,000	1,000	1,600	1,600	1,600	1,600	1,600	1,600	1,600	1,600	1,600	1,600
	税金(概算)	800	800	800	800	800	800	800	800	800	800	800	800	800	800	800	800	800	800	800	800
	手残り	6,964	6,564	6,564	6,564	6,564	6,564	6,564	6,564	6,564	6,564	5,964	5,964	5,964	5,964	5,964	5,964	5,964	5,964	5,964	5,964
	手残り累計	6,964	13,528	20,092	26,656	33,220	39,784	46,348	52,912	59,476	66,040	72,004	77,968	83,932	89,896	95,860	101,824	107,788	113,752	119,716	125,680

（単位：万円）

①家賃が変わらない

P22の表をご覧ください。新築からずっと家賃が変わっていないことがわかると思います。

このような賃貸物件はありえないと言っていいでしょう。

特に、新築ではプレミアムが付くので家賃が高く貸せたとしても、年数が経つにつれて家賃が下がってきます。

もちろん空室になる可能性もあります。

このような家賃の下落、空室損失を計画に入れ込まなければなりません。

 年々家賃の 1% 〜 2% 程度の下落率

で考えるとよいと思います。

なるべく厳し目の計画を立てて、それでも事業として成り立つのかという視点で判断した方がよいでしょう。

 甘い見通しは自分の首をしめちゃうのね

②修繕費の見込みが甘い

賃貸経営で大きな支出になるのが修繕費です。

修繕費は、退去があった場合の原状回復もあれば、外壁の塗替えや屋上防水工事などの大規模修繕があります。

大規模修繕は、10年〜15年スパンで定期的に発生するも

のになります。

 金額も数百万円〜数千万円になる

ことがあるため、将来の大規模修繕のために積み立てを行う必要あります。

事業計画の中には、大規模修繕については一切入っていないものもあれば、修繕積立金はあるけれども、

 毎年数万円程度しか積み立てていない計画

もあります。

これでは、いざ大規模修繕が必要な時期に、お金が足りず、工面するのに苦労します。万一、借り入れでまかなったとしても、返済による支出が増えることから、資金繰りが大変になることがよくあります。大規模修繕費用として

 建築費の 0.5-1% 程度を目安に積み立てられる

かどうかを見ましょう。P23の表のように、修繕費が変化しなかったり、大規模修繕費の項目がないのは根本的におかしいのです。

 定期的に数千万かかるなんて、恐ろしいわね

③税金を考慮していない

　賃貸経営の手残りは、収入から支出（経費や借り入れの返済）を引いたものだけではありません。

　そこから所得税・住民税を控除しなければなりません。

　つまり、儲けがまるまる手残りとして残るわけではないのです。

　儲ければ、そこに税金がかかるので、税金を差し引かなければ、手残りが計算できません。

　しかし、**事業計画で税金まで考慮されているものは、ほとんど見たことがありません。**

　その理由は、所得税・住民税は、その人のすべての所得に対して税率が決まるからです。これは超過累進税率をいいますが、詳しくはP137の表をご覧ください。

　つまり、賃貸経営をした場合の所得は事業計画から計算できますが、その人が他にどんな所得があるのか（たとえば、給与や他に事業をしているなど）、それがいくらくらいの所得かがわからないと、正しい税金が計算されないのです。

　そのため、税金は

　　事業計画に入れ込むことが難しい

のです。

　税率が20%なのか40%なのかでは、手残りが大きくことなってきます。

　ご自身の所得は、ご自身にしかわかりません。

自分で計算するか、税理士さんにお願いして計算してもらった数字を事業計画に入れ込まないとならないのです。

> 税金はその人の所得税・住民税によって上下するから、P24のように一定で計算されている計画表は基本的におかしいのね

◉ 事業計画が見れない経営者はいない

「数字ばっかりでよくわからない」と言って、事業計画を見ようとしない大家さんがいます。

　でも、よく考えてみてください。

　これから大きな借金をして、事業を行っていくのです。

　その計画を見ようとしないで、他人任せで、上手くいくのでしょうか。

　事業計画といっても、足し算と引き算の単純な表です。数字に拒否反応をせずに、しっかりと向き合ってください。

CHECK!!

> 家賃・修繕費・税金について、業者さんは甘めに事業計画を立てることが多いです。3つの視点で判断できるようになりましょう

デッドクロスを知らずして
賃貸経営をするなかれ

◉ 税金がかかる時期は一定ではない

　事業計画には、税金を入れ込まないと手残りに大きく狂いが生じてしまうと申しました。

　とくに賃貸経営では、デッドクロスというものがあり、税金が大きく増える時期があります。

　どういうことかと言うと、借り入れと減価償却の関係から、

　税金が年々上がっていき、資金繰りが苦しくなる

現象が起こります。

　具体的には、

　年間の減価償却費よりも年間の元本返済額が大きくなる

　ときを、デッドクロスといい、賃貸経営の転換期として、気を付けなければならいのです。

◉ 元利均等返済って何？

　まず借入金から説明します。

　借入金の利息は、年々減少していきます。

　元本の返済が進むため、当然です。

手残りの減少を乗り越えるたった1つの方法

利息が減ると、不動産所得としての経費が減り、所得が増えることから、税金が上がることになります。

税金が上がっても、全体的な支出（返済金額）が減れば問題ないのですが、減らないことがあります。

それは、返済方法を

元利均等返済にしている場合です

元利均等返済とは、元金と利息の合計を一定額にする返済方法です。

返済金額を一定にする代わりに、毎回の返済金額の元金と利息の内訳が変化していきます。

当初は、利息の割合が多く、元金の割合が少なくなります。返済を重ねるほど、利息の割合が小さく、元金の割合が多くなっていきます。

すると、利息は減って、税金は増えるけれども、返済額が減らないことから、

単純に支出が増えるだけ

となります。資金繰りとしては当然苦しくなります。

◉ 元金均等返済って何？

なお、返済方法の種類として、元利均等返済の他に、

元金均等返済というものがあります

　これは**元金の返済額を一定額にする返済方法**です。利息は元金の残高に応じて課されていくことになります。

　当初の元金の残高が多いときは、利息も大きいですが、返済が進み元本の残高が少なくなれば、利息も小さくなります。

　こちらの方法では、利息も減ることで、税金が増えることになりますが、返済額も減ることになるため、元利均等返済ほど

 資金繰りに窮しない可能性はあります

● 元金均等返済は当初の返済額が大きくなる

　ただし、元金均等返済を選択すればよいかというと、現実はそう上手くはいかないことが多いのです。

　元金均等返済は、当初の返済額が、一番大きくなります。元金が減っていないため、その元金に対する利息が大きくなるためです。

　入ってくる家賃収入から返済できないことから、

 元金均等返済を選択できない

ことがあります。

返済期間を長くして、元金の返済額を少なくするという方法もありますが、そうするとなかなか元金返済が進まないことになり、**年々上がっていく税金の支出の方が大きくなって、結果的に資金繰りに窮してしまう**ことも考えられます。

[元利均等返済の元金均等返済]

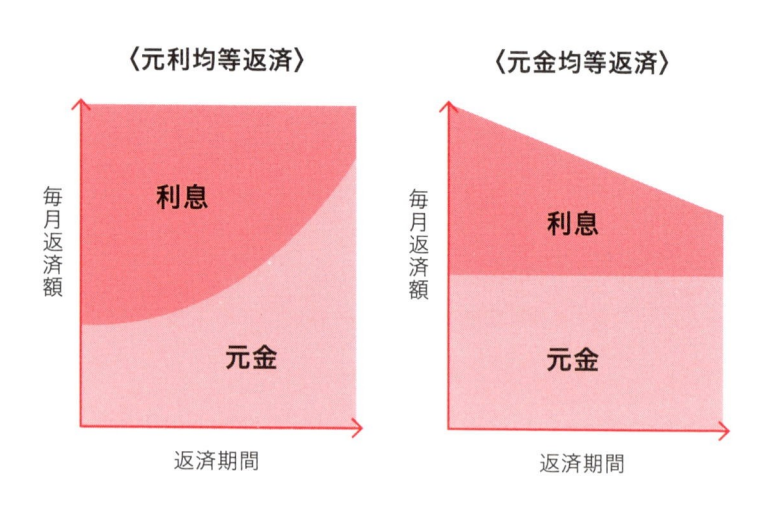

〈元利均等返済〉　　　　〈元金均等返済〉

毎月返済額　　利息　　元金　　返済期間

毎月返済額　　利息　　元金　　返済期間

◉ 減価償却のスピードと返済期間は合わない

「借り入れ利息は減ったとしても、減価償却による経費があるから、税金はそんなに増えることはないのでは?」
　と思う方は経理に詳しい方だと思います。
　ただ、減価償却の本質を知らないと大変なことになります。

減価償却とは、支出したタイミングでは一括経費にせず、耐用年数（その資産が使える期間）に応じて経費を配分することです。

　つまり、

　　支出と経費のタイミングをずらすもの

にすぎません。

　建物を現金購入すれば、購入時点で支出していますし、ローンで購入すれば、返済期間にわたって支出しています。

　それを、減価償却によって、支出の金額よりも、経費の金額の方を多く取ることが可能です。

　しかし、先に経費を多く取ってしまうことは、

　　後から支出が多くなることの裏返し

になります。

　減価償却を大きくとろうと、中古の耐用年数などを使用することで、期間を短くすることができます。

　減価償却が大きく取れる時期はよいのですが、**その期間が終了すると経費が一気に少なくなり、税金が跳ね上がります。**

　借り入れ期間と減価償却期間（耐用年数）を合わせることが理想ではあります。

　しかし、

　　現実的にはなかなか難しいです

◉ 借り入れ期間と減価償却費の不一致の仕組み

特に、中古物件の場合、借入金の返済期間は、

> 法定耐用年数－経過年数

が最大となることが多いです（金融機関によって異なります）。

中古物件の減価償却の耐用年数の計算（簡便法）は、

> 法定耐用年数－経過年数×0.8

となるため、

> 借入金の返済期間>減価償却の耐用年数

になります。

仮に、借入金の返済期間＝減価償却の耐用年数になったとしても、減価償却がキャッシュフローに与える影響は次の図の通りになります。

以上2つの図を見比べてもらうと、減価償却が300と200で100異なっていることがわかります。

手残りは、360と390で30しか変わりません。

つまり、減価償却は、あくまでも税金計算上の経費でしかないため、その**経費に係る税金分だけしかキャッシュフローに影響を与えない**のです。

税率を30％とした場合、減価償却100増えた場合の節税

[2つの図]

・キャッシュフロー （単位：万円）

収入		1000
支出	利息	200
	元本	200
	その他	100
	合計	500
差引		500
税金		140
手残り		360

・所得計算 （単位：万円）

収入		1000
経費	利息	200
	減価償却費	100
	その他	100
	合計	400
所得		600
税金		140

① 支出と経費のズレ

② 経費が税金に影響

③税金がキャッシュフローに影響

・キャッシュフロー

収入		1000
支出	利息	200
	元本	200
	その他	100
	合計	500
差引		500
税金		110
手残り		390

・所得計算

収入		1000
経費	利息	200
	減価償却費	200
	その他	100
	合計	500
所得		500
税金		110

※税金は所得税、住民税を想定していますが、概算の数字です。計算を簡単にするため所得控除は考慮していません。以下同じ。

効果は、100万円×30%＝30万円です。

　税金が30万円安くなり、手残りが30万円増えることになります。

　借入金の返済期間と減価償却期間を一致させたところで、返済額>減価償却による節税効果、となるため、（特に税率が低い場合には）資金繰りには大きな影響を与えないのです。

● デッドクロスをグラフで見るとこうなる！

　年間の減価償却費よりも年間の元本返済額が大きくなる時を、デッドクロスといいます。

年間の元本返済額 （経費にならない支出）	>	年間の減価償却費 （支出を伴わない経費）

　この時期になると、手残りがマイナスとなる可能性も出てきます。デッドクロスをグラフで見るとどうなるでしょうか（次ページ）。**15年目あたりでクロスしているのがわかります。**この時期、資金繰りが厳しくなります。

 デッドクロスの起こる時期は予想できるのね

［デッドクロスが起こるイメージグラフ］

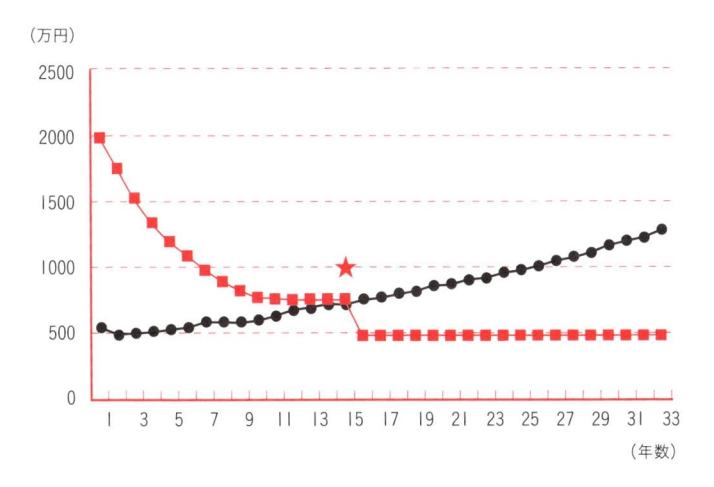

（万円）

（年数）

【条件】

借入金3億円（返済期間35年、金利3%）
内訳
建物2億1,000万円（耐用年数47年、定額法）
附属設備9,000万円（耐用年数15年、定率法）
■・・・減価償却費
●・・・元本返済金額

※平成28年4月以降に取得した附属設備は定額法しか使えなくなりました。

CHECK!!

減価償却ははじめはキャッシュを生み出す強力な武器になるのですが、年々の元本返済額の増加には勝てなくなるのです

手残りの減少を乗り越える賃貸経営の極意

◉ 現状維持でも手残りは減っていく

デッドクロスになっても、資金が潤沢にあって、手残りがマイナスにならなければ、倒産などの状況にはなりません。

賃貸経営で一番気を付けなければならないことは、

 手残りがマイナスになってしまうこと

です。次の事業計画を見てください。

18年目の手残りがマイナスになっていることがわかります。

そして、その後もマイナスが膨らんでいることがわかると思います。

もう一つ、注目してもらいたいことは、収入や諸経費を変えていない点です。

1年目からずっと家賃収入が変わらないことはありえないと申しましたが、あえて家賃収入を変えていません。

つまり、**家賃収入が変わらなくても、手残りが減り続ける**ということに気が付いていただきたかったからです。

18年目で大きくマイナスに転換しているのは、**15年目で附属設備の減価償却がなくなって、減価償却が減り、税金が大きく増えたからです。**

［家賃収入が変わらなくてもマイナスになる］

所得計算

経過年数	1	2	3	6	9	12	15	18	21	24	27	30	33
家賃収入	3,000	3,000	3,000	3,000	3,000	3,000	3,000	3,000	3,000	3,000	3,000	3,000	3,000
支払利息	820	880	860	810	760	700	640	570	490	400	310	210	100
減価償却 （定額法）	231	231	231	231	231	231	231	231	231	231	231	231	231
減価償却 （定率法）	751	626	521	301	174	145	145						
諸経費	600	600	600	600	600	600	600	600	600	600	600	600	600
所得	598	663	788	1,058	1,235	1,324	1,384	1,599	1,679	1,769	1,859	1,959	2,069

キャッシュフロー計算

収入	3,000	3,000	3,000	3,000	3,000	3,000	3,000	3,000	3,000	3,000	3,000	3,000	3,000
借入返済 （元本＋利息）	1,380	1,380	1,380	1,380	1,380	1,380	1,380	1,380	1,380	1,380	1,380	1,380	1,380
諸経費	600	600	600	600	600	600	600	600	600	600	600	600	600
税金 （所得税・住民税）	137	156	196	301	377	416	442	534	568	607	650	700	755
可処分所得	883	864	824	719	643	604	578	486	452	413	370	320	265
生活費	500	500	500	500	500	500	500	500	500	500	500	500	500
手残り	383	364	324	219	143	104	78	-14	-48	-87	-130	-180	-235
累積 CF	383	747	1,071	1,831	2,324	2,663	2,924	2,908	2,793	2,570	2,230	1,745	1,101

　しかし、それはキッカケに過ぎません。**借入金利息は、年々減っているため、税金が年々上がっている**のです。

　手残りは、その分毎年毎年減っているのです。

　家賃収入は変わらなくても、毎年じわじわと税金が増え、手残りが少なくなっているのです。

　そして、デッドクロスをキッカケに、キャッシュフローがマイナスという形で表面化します。

そこで、多くの人が慌てるのです。

「税金の支払いが大変だ」

と。キャッシュフローがない中での税金対策は、非常に限られてきます。

もう対策の打ちようがなく、既に手遅れの状態の人も中にはいらっしゃいます。

もっと早くに対策を打っておけば、と悔やんでも後の祭り。

手残りが減っていることは、今に始まったことではなかったはずです。

1年目から少しずつ減っていたのを気が付かなかっただけなのです。

● 「右肩下がり」を前提に対策

借り入れをして、賃貸経営をするということは、利息が年々減ることで、税金が上がり、手残りが少なくなることをしっかりと理解しなければなりません。

一方、家賃収入は、毎年下がらなくても、上がることは余程のことがない限りありえません。

賃貸住宅が供給過剰で、なおかつ、人口減少が続いている状況では、家賃の値上げは、到底期待できないからです。

一度下がった家賃を、部屋のリフォームやリノベーションをして、一時的に家賃が上がったとしても、時間が経てば、

やはり下がると思います。

　このスパイラルを変えることは、はっきり言って至難の業です。

　そこは割り切って、

　「賃貸経営は、そういうものだ」

と考えた方がよいと思っています。

　つまり、賃貸経営は、他の事業のように年々売上や手残りが増えるものではないと。

　むしろ、

「手残りは右肩下がり」なのだと。

［P39事業計画表の手残りをグラフ化］

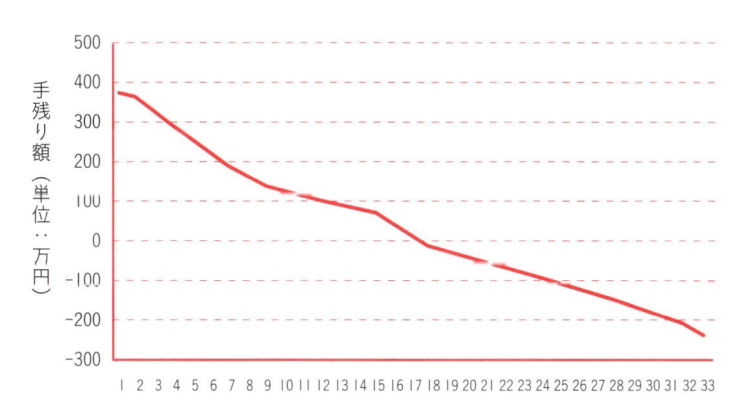

● 手残りがあるうちの究極の備え方

「賃貸経営は、右肩下がりのビジネスモデル」と思えば、対策が打ちやすくなります。

賃貸経営は、初年度からデッドクロスの時期までは、一番手残りが残るのです。

その手残りを、

デッドクロス時期以降のための対策

に使えるかどうかがカギになります。

そもそも資金があれば、手残りがマイナスになっても補てんができます。

また、繰り上げ返済をして、毎月の返済額を減らすことも可能です。

さらに、後述する税金を減らすための法人を設立するのにも、資金があるからできることになります。

デッドクロスで資金繰りが苦しくなるのは、当初の期間にきちんと計画立てて資金を貯めず、使ってしまったからとも言えるのではないでしょうか。

今からでも遅くはありません。将来資金繰りに困らないように、キャッシュフローを最大化して、計画的にお金が利用できるような準備をしておきましょう。

第**2**章

超シンプルに
キャッシュフロー表
を作ろう

キャッシュフロー表を作って デッドクロスを視覚化せよ!

◉ なぜキャッシュフロー表を作るべきなのか

　大家さんは確定申告書は作成していますが、キャッシュフロー表まで作成している方は少ないのではないでしょうか。

　手残りがマイナスにならないようにするのが、経営の基本です。

　しかし、確定申告書だけでは、キャッシュフローがわからず、手残りがいくら残るのかもわかりません。そもそも、

　　　確定申告の所得とキャッシュフローは数字が異なる

のです。

　確定申告の所得とは、不動産賃貸経営をしたことによる儲けです。これを不動産所得として計算していきます。

　儲けですので、いくら売り上げたかという収入金額から、その売り上げを得るためにかかった費用（必要経費）を控除したものになります。

　借入金の元本返済は、必要経費にはなりません。

　あくまでも借りたお金を返しているだけです。借入金の利息は、必要経費になります。

　確定申告は、儲けを計算して納税する税金を計算するだけなので、借入金の元本返済金額は基本的には記載されません。

このように、**不動産所得の収入金額と必要経費と、キャッシュフロー計算の収入と支出には、ズレが生じる**ことなります。

[「不動産所得=収入−支出」ではない]

$$不動産所得 = 収入金額 - 必要経費$$

$$\neq 収入 \qquad\qquad \neq 支出$$

● ズレが生じる４つの主な原因

　その原因は下記のとおりです。

①お金は入らないが、収入金額に計上（家賃の滞納金）

　家賃滞納があると、**実際はお金が入ってきませんが、所得としては収入に計上されます。**

②お金は入るが、収入金額に計上（敷金・保証金）

　敷金や保証金は、契約時にお金が入ってきますが、一般的な契約では退去時に返還することになっているため、**所得計算としては預かり金となり、収入には計上されません。**

③お金は出ていくが、必要経費にならない

（借入金の元本、所得税・住民税、生活費）

　借入金の利息は経費になりますが、元本の返済は経費になりません。**元本は減価償却費として計上されるから**です。また、所得税や住民税もお金は出ていきますが、経費にはなりません。生活費ももちろん経費にはなりませんが、お金は出て行きます。

④お金は出ていかないが、必要経費になる

（減価償却費、青色申告特別控除）

　減価償却費は、減価償却資産（不動産）の購入時にはお金が出ていきますが、それ以後お金は出ていきません。しかし、**必要経費として計上されます。**

● キャッシュフロー表でお金が残らない原因を探る

　借り入れをして不動産を購入している場合、確定申告の所得は黒字になっているけれど、キャッシュフロー（収支）は赤字になっていることがよくあります。所得だけを見ていると、実際は赤字経営なのに気づかないことがあるので注意が必要です。

　そのためキャッシュフロー表をつくることをおすすめしています。次の図を見てください。

　左側が所得計算、つまり確定申告での税金計算です。

右側が実際の収支、つまりキャッシュフロー計算で、手残りを出しています。

　確定申告の所得計算では課税所得が658万円の黒字となっていますが、収支計算では手残りがマイナス44万円です。700万円以上もの差が生まれる理由は、以下の違いによるものです。

年間所得計算表

（単位：万円）

賃貸料収入	2,000	
収入合計	2,000	2,000
租税公課	100	
減価償却費	500	
借入金利子	100	
修繕費	300	
その他経費	150	
青色申告特別控除額	65	
不動産経費合計	1,215	△ 1,215
不動産所得		785
総所得金額		785
所得控除額合計		100
課税所得金額		685
所得税・住民税		164

年間キャッシュフロー表

（単位：万円）

不動産収入	1,950	
合計	1,950	1,950
租税公課	100	
借入金元本	400	
借入金利子	100	
修繕費	300	
その他経費	150	
所得税・住民税	164	
支出合計	1,214	△ 1,214
可処分所得		737
所得控除支出分	80	
生活費	700	
支出合計	780	-780
手残り		-44

［赤字経営なのに、所得は黒字のしくみ］

❶ 家賃収入の金額
（所得計算では滞納分の家賃も収入として計算）

❷ 所得計算にのみ減価償却費を計上

❸ キャッシュフローにのみ借入金の元本を計上

❹ キャッシュフローでは所得税・住民税・生活費が控除

　この4つの差があるため、所得計算だけをみていると赤字経営に気づかないことがよくあります。

　対策としては、**キャッシュフロー計算を作成し、数字の分析をすること**です。キャッシュフローが赤字になっている場合は、何が原因なのかを分析することで対応策も見えます。「税理士にお願いしているけど、キャッシュフロー計算なんて初めて聞いた」なんて思っている人もいるでしょう。

　このキャッシュフロー計算は、通常、確定申告だけお願いしている税理士さんでは、作成してくれません。

　別途費用をかけて作成をお願いするか、ご自身で作成するかのどちらかでしかありません。

キャッシュフロー表を作らなければ、現状の経営は把握できないのね。作るのが大変じゃなければいいけど…

世界一カンタンな
直感的キャッシュフロー表

◉ キャッシュフローはシンプルで OK

　では、キャッシュフロー表はどうやって作っていったらよいのでしょうか。キャッシュフローでよく使われる算式は、

> **CF** ＝（税引前）所得－税金（所得税・住民税）
> 　　　＋減価償却費－借入金の元本返済

というものです。

　この算式を見ても、なかなか理解できる方は多くないと思います。私も税理士になる前は、この算式を意味することがよくわかりませんでした。

　デッドクロスを理解すると、この算式の意味もわかると思います。

　まさに、

　所得計算とキャッシュフロー計算の違いです

　減価償却はキャッシュフローとしての支出がなく、所得計算の経費としてのもの。

　借入金元本は、所得計算の経費ではなく、キャッシュフロ

超シンプルにキャッシュフロー表を作ろう

49

ーとしての支出するもの。

このズレが大きく異なるのです。

つまり、

所得計算を調整してキャッシュフローに直している算式

になります。

といっても、この算式を頭でいちいち考えるのも大変です。

私がおススメするのは、直感的にわかりやすいキャッシュフローです。いくら収入が入ってきて、いくら支出したのか、上から順番に考えればよいのです。

入ってくるのは、家賃収入（他に礼金や更新料など）。

出ていくのは、固定資産税、借入金の返済、修繕費、管理費、水道光熱費などの経費になります。

[オススメのCF計算式]

家賃収入
－租税公課（固定資産税等）
－借入金元本
－借入金利息
－修繕費
－その他の経費
－税金（所得税・住民税）
手残り

家計簿のように考えれば、そんなに難しくはありません。

◉ キャッシュフロー表は単純に考える

キャッシュフロー表を作成するにあたって、気を付けるべきポイントは、**あまり細かすぎないこと**です。

特に支出を細かくすると、見ずらくなりますし、作成するのが大変になってしまいます。

手残りを1円単位で正確に出すことが目的ではありません。

手残りがプラスになっているのか、マイナスになっているのかを知ることが一番の目的です。

そのあとに、どのくらいプラスなのか、マイナスなのかがだいたい分かればよいのです。

ですから、

 おおざっぱに支出を把握できればよい

と割り切ることが大切です。

ここでぜひ覚えておいてもらいたいのが、大家さんの3大経費です。

大家さんの経費は、ある程度限られてきます。

水道光熱費、通信費、交通費などあげればキリがないですが、そんなに大きな支出にはならないと思います。

[大家さんの3大経費]

❶ 固定資産税　　❷ 借入金の利息　　❸ 修繕費

　この3つで数字を掴んでおけばよいのです。

　ですから、他の経費は、一まとめにしておきましょう。

[キャッシュフロー表の見本例]

年間キャッシュフロー表

（単位：円）

不動産収入	10,000,000	
合計	10,000,000	10,000,000
租税公課	1,000,000	
借入金元本	3,000,000	
借入金利子	1,000,000	
修繕費	1,000,000	
その他経費	1,000,000	
所得税・住民税	600,000	
支出合計	7,600,000	△ 7,600,000
手残り		2,400,000

事業計画を作成して将来ガッツリお金を残す方法

◉現状のＣＦ表＋未来の事業計画表＝最大の手残り

キャッシュフロー表は、その年の手残りを把握するのに役立ちます。しかし、それだけでは足りません。

 将来、その手残りがどうなるのかを把握

しなければなりません。賃貸経営は、手残りが右肩下がりのビジネスモデルです。借り入れがある場合、何もしてなくても（現状維持でも）、手残りが段々と少なくなっていきます。

さらに賃貸経営を続けると、様々なリスクが発生します。

・家賃を滞納される
・家賃が下がる
・金利が上昇する
・同時期に数室が退去してしまう
・雨漏りが発生する

などなど。経営とは、これらのリスクを見込んで、どう対処すればよいかの先手を打つことです。

そのためには数字を目に見える形で管理することが大切で

す。つまり、経営が上手くいってキャッシュ（手残り）があるうちに貯めておき、万一の事態が起きたときに、貯めておいたキャッシュで補てんするようにして、キャッシュがマイナスにならないようにするのです。経営の神様と呼ばれる松下幸之助さんが、「ダム経営」を提唱されていました。ダム経営を一言でいうなら、

　「余裕を持った経営」

ということです。右肩下がりのビジネスモデルである賃貸経営には、まさに「ダム経営」が不可欠なのだと思います。

　そこで、将来の収支の推移を把握するために、事業計画表を作成します。

◉ 事業計画表の４つのポイント

　事業計画表とは、所得計算と収支計算（キャッシュフロー計算）を上下に比較したもので、現在が1年目として将来の所得とキャッシュフローの推移がどのように変化していくのかを数字にしたものです。

　つまり、現在から数年後の予測を立てて、手残りがマイナスにならないかを把握し、マイナスになりそうであれば早期発見し、対策を打つようにするのです。

　事業計画は、定期的に見直し、予測と実測のズレがないか修正していきます。作成するポイントは4つです。

①空室リスクを考慮する

常に満室ということは現実的にはほとんどありません。一般的には**年数が経てば経つほど空室も増えてきます**。年1%〜2%程度の下落を見込んでおくとよいと思います。5年〜10年は、5%の下落、10年〜15年は、10%の下落など、期間に応じた下落率を入れてもよいでしょう。

②金利上昇を考慮する

今は低金利で借り入れできていたとしても、**変動金利で借りていれば金利が上昇することも考えられます**。金利が上昇すると支出が増えてしまいます。たとえば、現在1%の利率で借りていたとしたら、10年後には3%の利率になるとどうなるかという想定のもとに計画立てる必要があります。

③長期修繕計画

税金を払った後の金額は全て自由に使えるお金ではありません。将来の大規模修繕に備えて、一部積立てておく必要があります。

大規模修繕は10年〜15年に一度、壁の塗り替えや屋根の防水など多額にかかる修繕費です。500万円や1000万円などまとまった金額を一度に支出するのは、融資を受けない限り非常に難しいです。

10年後に必要な金額がわかれば、逆算して今からいくらずつ貯めればよいかを計画に入れておけば、無理なく資金を準

備することができます。

 この修繕金額の予測には2つの方法があります

1つ目に、**懇意にしているリフォーム業者さんに見積もってもらう**方法。これは手間がかかりません。

2つ目に、修繕計画の工事項目、周期、単価などを参考に、自分で作成する方法があります。「一般社団法人　不動産協会」のホームページで公開されているので、参考になると思います。(http://www.fd.or.jp/_plan/tyoui.html)

● 変化のポイントをつかむ

事業計画表もキャッシュフロー表と同じように、あまり細かく作りすぎないことがポイントです。目的は、この数字の推移を見て、どんな対策をしなければならないかと判断することです。決して、事業計画を完成させることがゴールではありません。最低限入れてほしい3つの数字は

 ◎空室損失　◎支払利息　◎減価償却

です。特に、支払利息と減価償却は、毎年少しずつ変化があるので、5年〜10年先を見ないと大きな変化に気が付きません。

この数字の変化はしっかりと抑えておくようにしましょう。

第3章

· REAL ESTATE MANAGEMENT ·

キャッシュフローの超改善①

お金をかけずに
収入を効率的に
増やす！

手残りを爆発的に増やす
3つの方法

● 手残りを増やす3つの柱

では、ここから具体的にキャッシュを改善する方法をお伝えしていきます。

どうすれば、手残りが増えるのか・・・

手残りを増やすには3つしかない、と私は考えています。

①収入を上げる
②支出を減らす
③税金を抑える

 具体的な数字で考えてみましょう

手残りを出す方法は、いろいろとありますが、私のスタンスは、いかにシンプルに考えられるかです。

複雑になればなるほど、人は思考停止になってしまいます。

ですから、ざっくりと考えるため、使うのは収入・支出・税金だけです。

収入から支出を引いたものが手残りと考えがちですが、そこから所得税や住民税などの税金を払わなければなりません。その税金を差し引いたものが手残りです。

収入1000万円、支出500万円の場合の手残りは、次のように
なります。（税金は所得税、住民税を想定していますが、
概算の数字です）

⓪ベースの数字

収入	1,000万円
支出	−500万円
差引	500万円
税金	−110万円
手残り	390万円

　この数字をもとに、収入、支出、税金を変動させてみます。

①収入が上がった場合（収入200万増）

収入	1,200万円
支出	−500万円
差引	700万円
税金	−170万円
手残り	530万円

②支出を減らした場合（支出200万減）

収入	1,000万円
支出	−300万円
差引	700万円
税金	−170万円
手残り	530万円

③税金を抑えた場合（税金55万減）

収入	1,000万円
支出	−500万円
差引	500万円
税金	−55万円
手残り	445万円

いずれも手残りが増えています。

では、それぞれどんなことをしたら収入が上がるのか、支出が下がるのか、税金が減らせられるのでしょうか?

たとえば、

 収入を上げる方法を考えてみましょう

- **空室を埋める**
  - ・営業廻りをする
  - ・空室をモデルルーム仕様にする
  - ・リフォームをする

- **物件を増やす**
  - ・新規物件を購入する
  - ・資産の組み換えをする

- **副収入を増やす**
  - ・自動販売機を置く
  - ・携帯のアンテナを置く
  - ・太陽光発電を置く

　項目を挙げてみると、ハードルが高いものと低いものが見えてきます。つまり、お金をかけなくてもできるものとお金をかけずにできるものがあります。

　この中でお金がかからない方法を優先的にやっていくことになります。支出、税金についても同じことがいえます。

　ポイントは、

それぞれバランスよく対策をすること

です。「収入を200万増やす」のは、難しいけれど、「収入を100万円増やして、支出を100万円減らす」ことは意外に簡

単で、効果は同じです。簡単な方法を組み合わせてみるのです。

④バランス型（収入100万増、支出100万減、税金10万減）

収入	1,100万円
支出	−400万円
差引	700万円
税金	−100万円
手残り	600万円

　このように無理なく、手残りが増やすことができる場合があります。

　数字を分析するということは、優先的に何をすべきかを探るということです。

　何にお金と時間を投資するべきか、賃貸経営においても重要なことです。

收入増・支出減・税金減の3本柱ね。
収入を増やすにはどんな方法があるのかしら？

超コスパよく
空室を埋めていくノウハウ

◉ 空室対策で不動産会社が言いがちな2つの提案

　収入を上げる方法で、真っ先にするべきことは、空室を埋めることです。しかし、**多くの方が実践している空室対策は、より資金繰りを悪化する方法**です。

　空室がなかなか埋まらないとき、不動産会社さんに相談すると、だいたい次のような回答が帰ってくると思います。

 ① 「家賃を下げましょう」

「空室が埋まらないのは、家賃が高いからです。近隣アパートの同じようなお部屋と比べると少し高いので、下げて募集しましょう。」などと言われたことはないでしょうか。

「空室で全く家賃が入らない状態よりは、少し下げて家賃収入が入ってくる方がよいのではないか」

　そう考えたくなる気持ちもわかります。

　しかし、それをやってしまうと、収入ベースが少なくなるので、手残りが少なくなって、資金繰りが苦しくなります。

　さらに、家賃を下げることで、近隣のアパートを所有する大家さんも家賃をさらに値下げしてくる可能性もあります。

　そうなると、家賃の値下げの連鎖が始まって、止めどなくその地域の家賃が下がるというスパイラルになります。

②「設備導入やリフォームを行いましょう」

「駅前に新築マンションが立ち並んでいます。古い設備では太刀打ちできません。今の若い子たちは、IHコンロでないと入居しませんよ」

などと言われ、設備を入れ替えたり、高額なリフォームを提案される大家さんは多いと感じます。

しかし、資金繰りに余裕がない大家さんが、それをやってしまうと、ますます資金繰りに追われることになります。そのリフォームをすることで絶対に空室が無くなるという保証はありません。

リフォーム後は、家賃を高くして貸せるかもしれませんが、2年後の家賃はどうなっているかもわかりません。それにもかかわらず、1室あたり、300万円～500万円と高額なリフォームを提案されて、しぶしぶ実行している大家さんは多いです。家賃の値下げも高額リフォームも「やってはいけない」とは言いません。それが空室対策につながって、キャッシュフローが改善した例もあるでしょう。

しかし、これらの対策をする前に、**まずは手残りを減らさないで（収入を下げたり、支出を増やさないで）空室対策する方法はないか探ることが大事**だと思います。

つまり、これは空室対策を、不動産屋さん任せにはせず

 大家さんが自ら考えなくてはならない

ということです。一部の不動産屋さんが、家賃の値下げや設備導入を安易に進めるのは、その方が入居者さんに説明したり、案内するのが、楽だからです。

　不動産屋さんからすれば、どの部屋に入居してもらっても、担当者の成績には大きく変わらないので、決めやすい物件にした方がよいのです。

 では、どんな対策をすればよいのか？

　これはとても難しい質問です。

　というのも、空室対策には、「これをやったら空室がなくなる」というような絶対的な方法はないからです。

　しかし、空室対策には、「このような順番で行わないと埋まらない」というものがあります。

［空室対策の優先順位］

❶ どの物件に力を入れるのか見極める
❷ 募集面を見直してみる
❸ 営業面を見直す
❹ 物件・設備を見直す

　では、この4つを順番に見てきましょう

空室対策①
ザックリと稼働計算をして
重要物件を見極める

◉ 全物件に手をかけてはいけない

　賃貸物件が1つで、かつ、空室が1部屋しかなければ、その部屋を埋めることに全力を注げばよいでしょう。

　しかし、**賃貸物件が複数あって、空室がいくつもある場合、全てに同じ労力はかけられない**でしょう。

　それをやると、中途半端な空室対策となり、効果が出ずに、時間とお金の浪費になってしまう恐れがあります。

「どの物件により多くの時間とお金を費やすか」は大事な問題になってきます。

　常に空室状況を確認することが理想ですが、なかなか管理する時間がないという方もいらっしゃるでしょう。そこでオススメなのが、

　物件ごとの稼働率を計算する

ことです。

実際の年間の家賃収入/満室時の年間家賃収入×100

で計算できます。

1円単位まで正確に計算しようと思わないでください。

あくまでも、どの物件に注力すればよいか、の判断がつけばよいので、大雑把な金額で計算して、方向性だけ確かめられればよい程度に考えましょう。

　なぜ稼働率を計算するかというと、収入金額だけで比較しても、物件の規模や一部屋あたりの家賃が異なるので金額だけでは比較できない部分が多いためです。**稼働率が低いところを優先的に対策する**ようにしましょう。

［稼働率計算の見本］

（単位：万円）

	合計	A物件	B物件	C物件
賃貸料	1,780	500	480	800
収入合計	1,780	500	480	800
租税公課	70	20	20	30
損害保険料	35	10	10	15
修繕費	180	30	100	50
減価償却費	500	150	100	250
借入金利子	180	20	10	150
外注管理費	85	25	20	40
水道光熱費	40	10	10	20
消耗品費	100	30	40	30
支払手数料	30	10	10	10
広告宣伝費	60	10	20	30
雑費	25	5	5	15
必要経費合計	1,305	320	345	640
差し引き利益	475	180	135	160
満額家賃	2,000	500	500	1,000
稼働率	89.00%	100.00%	96.00%	80.00%

空室対策②
4つのステップで集客面を劇的に改善する

（1）サイト情報をチェック

　一昔前は、不動産屋さんに飛び込んで物件を探すことが一般的でしたが、現在は、インターネットで物件を探して、不動産屋さんに問い合わせをするというのが主流です。

　インターネットに載っている情報をたよりに、物件を探すことになるため、その情報が正確に載っていないと、当然見つけてくれません。

　賃貸物件情報サイトへの登録は、原則、不動産会社さんでしかできません。

「不動産会社さんに登録を任せているから、大丈夫」ということはありません。

　きちんと情報を載せている不動産会社さんもいますが、「築年数が間違っている」「駅徒歩表示が間違っている」というような

 誤掲載は、本当によくあります

　たとえば、徒歩9分の物件であるところを、徒歩11分で登録してあるとどうなるでしょうか？

　賃貸物件情報サイトでは、膨大な数の物件が登録してある

ので、物件を探すときは、条件を指定して検索するのが一般的です。

細かく条件を設定することが可能になるため、「徒歩10分以内」にチェックを入れると徒歩10分以内と登録した物件しか出てこないのです。

 検索から外れた物件が選ばれることはほぼない

と言えるでしょう。

また、

 物件写真が最新になっているかもチェック

してください。

せっかく外壁の塗替えをしてキレイにしたのに、塗替え前の写真が掲載されていては、意味がありません。

加えて

「写真がピンボケしていないかどうか」

「部屋や設備の状況がわかる位置から写真が撮られているかどうか」

などもチェックをするようにしてください。

管理会社さんが物件の写真を撮ることが多いですが、

 彼らは写真のプロではありません

物件の写真だけでもプロのカメラマンに撮影してもらうことも場合によっては必要と考えます。

［プロに撮ってもらうと写真のイメージはガラリと変わる］

（2）情報が検索されやすくなっているか

　敷金・礼金・仲介手数料などの募集条件を見直してみましょう。募集条件によっては、ネット検索でひっかからないことがあります。

　入居者さんの気持ちになって考えてみてください。

　新しい住居に引っ越すときには、引っ越し費用や新しい家具を揃えたりなど、多額の資金が必要となります。

　ですから、敷金、礼金、仲介手数料などの初期費用が高い物件は最初から選ばない人が多いと感じます。

「敷金・礼金ゼロゼロ物件」を検索するような設定にしていなければ、そもそも「検索落ち」してしまいます。

　そうかと言って、全ての部屋を「敷金・礼金ゼロゼロ」にする必要はありません。

　特に、敷金は、

退去時の入居者さんが負担すべき修繕費用の担保

になるものです。

　また、**入居者さんの信用力を図るために、敷金が払えるかどうかは重要な判断要素**にもなります。

　ですから、物件の前提としては、敷金、礼金をゼロにしておいて、たとえば、「ペットを飼う場合には、家賃の2カ月分の敷金を預かります」というような条件付けにします。

　すると、その条件を備考欄などに記載するようにすれば、

検索に引っかかりながら、

 敷金を取るべき人には、敷金を取る

という使い分けをすることも可能です。

募集条件が検索のネックになっていないか、どのような検索条件があるのかなど、物件の募集条件と見比べてみると、よりよい検索条件が見えてくるでしょう。

（3）ターゲットを明確にしているか

これまでの賃貸物件は、万人受けするような部屋作りが求められました。白い壁紙、木材色の床、エアコンやキッチンなど必要最低限の設備、10人いたら10人に嫌われない無難な物件と言えます。住居が足りない状況であれば、その戦略は間違っていないでしょう。

しかし、賃貸の需要と供給のバランスが崩れ、供給の方が多い状況ですと、入居者さんから積極的に選ばれる部屋作りをしないとなりません。つまり、

 10人いたら2人〜3人に絶対に好かれる物件

です。その2〜3人は誰か、ターゲットを明確にしなければなりません。これから賃貸物件を建てるのであれば、誰をターゲットにするかは自由に決めらるので、**そのターゲットに合う部屋の間取りなどを作るべき**でしょう。

しかし、すでに賃貸物件があって、構造や間取りに変更が効かないのであれば、ある程度ターゲットは絞られてきます。

では、そのターゲットはどうやって見つけたらよいのでしょうか。それは、

 今までの入居者さんの実績が参考

になります。過去どんな入居者さんがいたのか、統計をとってみるのです。

すると傾向が見えてくるのではないでしょうか。「男性の学生が多いのではないか」「女性20代の会社員が多いのではないか」とあたりを付けていくのです。同時に物件の立地や設備と照らし合わせてみてください。

 なぜそれらの入居者から選ばれたのか？

立地や設備と紐づけられるか、という視点でみていきます。「学校が近くて、家賃が手ごろだから男性の学生に好まれているのではないか」「駅から近くて、セキュリティーがしっかりしているから、女性の20代の会社員に好まれているのか」など選ばれている理由があるはずです。その理由が明確になったら、

 ターゲットを１つに絞ります

2つ、3つ入居者の傾向があったとしても、1つに絞ってください。「男性の学生向けの物件です」というのと「男性の

学生と女性の20代会社員向けの物件です」というのでは、前者の方がより物件のイメージが伝わりやすいのです。後者ではぼやけてしまいます。

（4）物件のウリを明確にしているか

ターゲットを絞るために、物件の立地や設備に着目してもらいました。たとえば、あなたの物件に

・駅徒歩3分
・セキュリティーシステム
・浴室乾燥機付き

などがあったら、それこそ物件のウリになるものです。そこから1番ウリになるものを選んでください。選ぶ基準は、

 他の物件にはあまりないもの

がよいでしょう。これをUSPと言います。USPとは、「Unique Selling Proposition」の略で、日本語では「独自の売り」という意味のマーケティング用語です。

差別化を端的に伝えられる言葉で、USPがあると商品を売り出すときに、セールスせずとも消費者に認識してもらえるようになります。USPを募集チラシ、ネットの募集ページに記載してもらいましょう。そのとき、

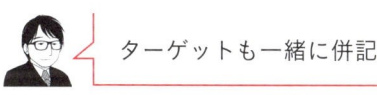 ターゲットも一緒に併記

　しておくと効果的です。「女性20代会社員向け。防犯カメラ5台完備、セキュリティーマンション」

　ここまでくれば、よりその情報が伝わりやすくするために、キャッチコピーを作ります。キャッチコピーは、コピーの才能がなければ作れないと思いがちですが、そんなことはありません。**ある程度の型に当てはめれば、それなりのキャッチコピーになります**。ここでは3つの型を紹介します。

[キャッチコピーのシンプルな3つの型]

❶ ストレート型

　伝えたいことをストレートに言う方法です。直感的でわかりやすいのが特徴です。

❷ 疑問（共感）型

　みんなが共感するような疑問をなげかけることで、「たしかに」と思わせる手法です。

❸ 逆説型

　一見「えっ」と思わせて、考えさせることでインパクトを残す手法です。表現が難しいですが、はまれば絶大なキャッチコピーになります。

　いくつかできたら、テストとしてどのキャッチコピーがよ

いか、管理会社さんと相談してみましょう。そのとき実際にキャッチコピーごとの募集チラシを作成し、どのキャッチコピーの反応がよいか、調べてフィードバックしてみましょう。

［それぞれの型を使った例］

ターゲット／表現法	①ストレート	疑問（共感）	逆説
料理好き女子	料理が上手くなる部屋！	休日に料理をめいっぱい楽しみませんか？	料理好きに悪い人はいません！ / 2年後、あなたの料理が楽しみだ。
収納多い	物が置ける楽しさ！	もう収納に困らない！	あなたの夢をめいっぱい収納してください！
公園目の前	落ち着く！公園前	公園で一休みしませんか？	公園すぐ！デートプランできました。 / 公園すぐ！共用スペースとしてお使い下さい！
女性専用	女性専用×超防犯	となりが女性だとなぜか安心ですよね？	女性専用を選ぶ女性に惹かれます。
対面キッチン	この距離感がうれしい！対面キッチン！	子どもの成長が見守れるキッチンって素敵ですよね？	子どもが非行に走らないのはこのキッチンのおかげ♡

空室対策③
営業マンの「キメ物件」
になる魔法のテクニック

◉ 営業マンの助力なしに満室は不可能

　募集面を見直したら、次は営業活動に問題はないか、検証していきましょう。

　賃貸物件の募集や営業をするのは、大家さんではなく、不動産会社の営業マンが行うことが一般的です。

　営業マンが空室を埋めようと動いてくれなければ、空室は埋まらないと言えます。

①大家さんが不動産会社に営業をかけているか

　大家さんが募集や営業を不動産会社に任せていることから、空室が埋まらない原因を不動産会社のせいにする人が多いと感じます。

「一生懸命になってくれていないのではないか」

「本気で空室を埋めようと思っているのか」

　そんな不満を言ったところで、空室は絶対に埋まりません。

　考えるべきは、

　営業マンが、物件の存在を把握しているか

です。営業マンが、本当に自分の物件のことをよくわかっ

ているのでしょうか？　そうとは限らないでしょう。想像してみてください。営業マンは、管理物件をどのくらいかかえているのでしょう？

何百戸、何千戸かもしれません。

そこに、毎日空室の物件情報が入ってきます。

その中で、特定のオーナーの物件だけに気をかけてはいられないでしょう。

オーナーからすると、「お金を払って依頼しているのだから、やってくれなければ困る」という気持ちもあるでしょう。

そうはいっても、**数ある空室から特定の部屋に力を注ぐのも現実的には難しい**のではないでしょうか。

ですので、営業マンには、

 自分の物件の魅力をまずは理解してもらう

ところから始めてみましょう。

そのためには、「大家さん自身が不動産屋さんへ訪問し、自分の物件の魅力を伝える」という営業をしなければなりません。企業に勤める営業マンは、自社の商品を買ってもらうために、何度も何度も得意先に営業しにいきます。

何度も通うことで、親近感や信頼関係が生まれ、商品が売れることになるのです。

「物件の一番の営業マンは誰か？」といったら、それは、大家さん以外にありません。

最初は、手土産を持って、空室の問い合わせ状況やお客さ

んの出入りの状況、賃貸の市況などを話してくるだけでよい
でしょう。徐々に、自分の物件の魅力を伝えて、物件の説明
資料やチラシなどを持って行くのが効果的です。

②営業マンの心理を考える

営業マンは、空室を次のような優先順位で紹介するといわ
れています。

［ 営業マンの空室紹介の優先順位 ］

❶ 自社物件

❷ 自社管理物件

❸ 自社以外管理物件（自主管理物件、他社管理物件）

当然、自分の勤めている会社の物件を埋めないと、会社の
収益が上がらず、お給料ももらえなくなってしまうので優先
するでしょう。

そして、会社が管理をしている物件を埋めないと、管理を
委託しているオーナーさんから文句を言われてしまうので、
優先して埋めようという心理は働きます。

すると、自社以外の管理物件は、なかなか優先的に紹介し
てもらえなくなります。

だからこそ、私は**お願いしている管理会社以外の不動産会
社にどんどん営業をしていくべき**と考えています。

なぜならば、営業マンの中に優先順位はあるものの、彼らには会社のノルマを達成しなければならないという現実があります。

「今月何件成約しなければならない」ということです。

成約して初めて報酬がもらえる業界ですので、「何件紹介した」という物件紹介数そのものは、不動産会社としてはあまり評価されないのです。

そういう観点からすると、自社管理物件よりも、紹介したらすぐ成約に結びつく、キメ物件の方を優先します。

 どうやったら自分の物件がキメ物件になるのか？

一番の近道は、ターゲットに向けて、適切なアピールをすることだと思っています。

いくらいい物件だからといって、ワンルームの物件を、4人家族に勧めても、成約する可能性は限りなく低いのです。

そのために、物件のターゲットを絞って、キャッチコピーを作るということが大事になってきます。

営業マンには、明確にターゲットとキャッチコピーを伝えて、**ターゲットが来たら、キャッチコピーとともに物件を紹介してもらいましょう。**

③営業マンが営業しやすいようにしているか

「ターゲットにアピールしても、なかなか決まらない」ということもあるでしょう。

「営業マンがきちんとキャッチコピーを伝えられているか」
「営業トークができているか」も大事な要素になってきます。

　新人の営業マンであれば、心もとない部分もあるかと思います。そういっても、担当を変えてもらうのは至難の業です。そこで、営業トークを大家さんの方で考えてあげましょう。大切なのは次の４つです。

［伝えるべき４つの営業トーク］

・キャッチコピー
・プラスのポイント
・マイナスのポイント
・マイナスを補うポイント

というように、トークの型に当てはめていくと漏れなく伝えられます。

　たとえば、「この部屋は、20代女性が安心して住めるセキュリティーマンション（キャッチコピー）で、マンションの外と共用部分に防犯カメラ5台を設置しています。もし不審者がいても、すぐにセキュリティー会社の警備員がかけつけるシステムを導入しているので安心（プラスのポイント）です。駅から徒歩12分と少し離れている（マイナスのポイント）といった面もありますが、商店街の道を通っていくので、夜道でも明るいですし、「ついでの買い物にも便利」と喜ばれ

ています（マイナスを補うポイント）」といった具合です。

　物件のチラシを作って、それをお客さんにそのまま渡してもらうのでもよいと思います。物件のことを一番よくわかっているのは、その物件の大家さんなのです。

④広く網をかけているか

　物件周辺以外の不動産会社にも営業はかけましょう。

　物件周辺にある不動産会社さんにだけ営業をかけてもなかなか空室は埋まりません。

　物件周辺以外の不動産会社にも営業をかけるべきです。

　とくに、物件の最寄り駅の沿線上にあるターミナル駅の不動産会社は外せません。

　物件を探す人の気持ちになって考えてみましょう。

　自分の物件がターミナル駅にあればよいですが、そうでなければ、どうやってその駅で物件を探すのでしょうか。

　その地域に会社や学校があればピンポイントで物件を探しますが、電車で通学や通勤をするのであれば、その沿線で探すことが多いと思います。

　初めて住むような地域であれば、

 まずは、有名な駅やターミナル駅で探す方も多い

のではないでしょうか。家賃が高いなど、条件が合わなかったりで、その駅にある物件は諦めて、その沿線で探すというようなプロセスを踏む可能性が高いのです。

ですから、ターミナル駅にある不動産屋さんは、その沿線上の物件情報をよく知っていて、お客さんに紹介しています。

　その機会を逃さないように、ターミナル駅の不動産屋さんにも漏れなく営業をかけるのです。

⑤営業は1回だけでは終わらない

　1回営業をしても、なかなか成約の連絡がないことから、営業マンとの接触をやめてしまう大家さんがいらっしゃいます。

　1回の営業で成約できるほど甘くはありません。それで成約につながるなら、空室に悩む大家さんはいません。

　何度も何度も足を運んで営業するべきです。大変ではありますが、だからこそ、やる価値があるのです。接触の回数が多ければ多いほど、自分の物件が営業マンの記憶に残ります。

　といっても、毎日毎日通い詰めるのも営業マンにとって迷惑になる可能性もあるので、

　　　週一回の訪問か、電話やメールをする

のがよいと思います。

相手にいやがられない頻度で働きかけるのね

空室対策④
サクッと部屋の魅力を
上げる4つの方法

①魅力ある外観にする

　最後に、物件についての改善をしていきます。

　物件の第一印象が悪いと、絶対に入居は決まりません。

　入居が決まってから、部屋をリフォームする大家さんがたまにいますが、

リフォーム前の部屋を見せてはいけません

　きちんとリフォームした後のお部屋でないと、そこに住むイメージがわかず、契約にもなりません。

エントランスの印象も非常に大事です

　部屋はキレイでも、エントランスが汚いと印象が悪いです。**むしろ部屋よりもエントランスをキレイにする方が入居の確率が上がる**といっても過言ではありません。

　またエントランスを明るくしておくことが重要です。夜はライトがついて明るいエントランスになっても、昼間に物件を見にいったら、影で暗かったという物件はよく見かけます。エントランスに花などを置き、常に明るい印象にしておきましょう。花だけで全然印象を違って見せることが可能です。

［共用部分の見せ方には工夫が必要］

（花・ゴミ箱がないエントランス）

（花・ゴミ箱があるエントランス）

②費用対効果の高い設備の導入を検討

　ここまでやってきても決まらないのであれば、入居者に喜ばれる設備を導入することを検討しましょう。やみくもに設備を導入しても、お金がかかるだけです。

 ターゲット（性別、年齢など）にあった設備の導入

　を検討することがすることが大事です。費用対効果の高い設備をあげておきます。

［費用対効果の高い設備］

● **生活便利系**

・無料 Wi-Fi
・宅配ボックス
・温水洗浄便座
・浴室乾燥機
・追い焚き機能

● **セキュリティ系**

・TV モニター付きインターフォン
・ディンプルキー
・防犯カメラ
・オートロック

③お部屋の魅力を引き出す演出

　リフォームしたお部屋はキレイでよいのですが、何もなくてはガランとしています。そこで、おしゃれな家具などを置いてみましょう。ステキな生活イメージを連想させる「お部屋の演出」これは賃貸でも一般的になっていくでしょう。

　家具・家電付のお部屋にするのも有効です。入居者は、引っ越してくるにあたって家具や家電を買いそろえるのが負担な人もいます。**入居してすぐに生活ができるということもアピール**しましょう。

④プチリノベーション

　これだけやっても決まらないのであれば、いよいよリノベーションを検討する必要があります。

　ただし、部屋全体をリノベーションすると、莫大な費用がかかります。「キッチンをシステムキッチンに替える」とか、「クローゼットをウォーキングクローゼットにする」とか、**一箇所だけのプチリノベーション**をやってみましょう。その際、誰も目につかないところをリノベーションしても効果はありません。行うべきポイントですが、

　ターゲットに対して響く場所、目につく場所

　これがおススメです。たとえば、若者がターゲットであれば、壁紙を1面だけアクセントクロスする、といった具合です。これは私の経験上、費用対効果が高いです。

それでも空室が
埋まらないときの
究極の対策

● 見切りをつけるのも選択の１つ

ここまで一通りやっても、入居が決まらないのであれば、本格的にリノベーションをすることも考えなくてはなりません。しかし、ここまで空室対策をやってみて感じる部分もあるのではないかと思います。それは、

物件そのものに問題がある

ということです。

空室が、間取りや躯体（くたい）の問題であれば、建て替えを検討しなければなりませんし、立地の問題であれば、売却も検討するべきではないかと考えます。

繰り返しますが、賃貸経営は右肩下がりのビジネスモデルです。

間取りや立地がネックになるようであれば、今後も賃貸経営において苦労が多くなります。

見切りをつけて、建て替えや売却を考えるのは、事業として当然行うべきことです。

「空室対策をやるだけやったけれど、結果的に難しかった」

この結論を出せたことに価値があるのだと思います。

第4章

キャッシュフローの超改善②

ケチケチ
しなくても支出は
驚異的に減らせる!

「満室が最大収入」の賃貸経営で支出の削減は必須!

◉ 穴の空いたバケツに水は貯まらない

続いて、「支出を減らす」改善を考えていきます。

空室を埋めて、収入を上げるだけでは、お金はそれほど残りません。支出を減らさないと、お金は残りません。水道の蛇口を力いっぱいひねって水を出しても、バケツに大きな穴があいていれば、水が貯まらないのと同じです。

また、賃貸経営は、一般の事業とは大きく異なる点があります。それは、

 満室以上の収入を増やすことは難しい

ということです。

賃貸物件の部屋数というキャパシティは決まっているわけですから、満室以上に賃料が入ってくるとすれば、家賃を値上げするしかありません。しかし供給が過剰な賃貸市場の現状では、値上げすることは至難の業なのです。もっというと、

 年数とともに値下げも想定

しなければなりません。すると、支出を削減していく努力をしていかないと、よりお金が残らない状況になります。

◉ 支出削減の３つの優先順位

では、どこから支出を削減していけばよいのでしょうか?

優先順位としては、次のような優先順位で見直していくのがよいと考えます。

[支出は優先順位をつけて見直す]

❶ 経費にならない支出：生活費、借入金の元本など
❷ 固定費：収入の増減にかかわらず一定額かかる費用
　　　（例）火災保険、メンテナンス費用、借入金の利息など
❸ 変動費：収入の増減に比例してかかる費用
　　　（例）管理を委託する場合の管理費、水道光熱費など

経費になる支出を減らすと、税金が増えてしまいます。

支出の削減効果としては、薄くなってしまうので、まずは、

「経費にならない支出」を見直すべき

です。次に、「経費になる支出」を見ていきます。収入に比例する変動費を減らすのは、収入を上げることと矛盾してしまうので、後回しにします。

収入とは関係しない**固定費であれば支出だけを下げられる**ので、**固定費優先**になるのです。

地味だけど超大切な「経費にならない支出」の削減法

● 生活費をいくら使っているのか確認する

　資金繰りに困っている大家さんの相談を受けていて、いつも感じるのは、賃貸経営でどのくらいお金が残るのかを把握していないということです。

　その原因は、

　　事業の資金と生活費の資金をごっちゃにしている

ことです。家賃が入ってくる預金口座から生活費を必要なたび下ろしていると、「毎月いくらお金が残る」のかわからなくなります。すると、「毎月いくら生活費で使っている」のかもわからなくなります。

　家賃は毎月入ってきますから、あるだけ使えるという気持ちに陥りやすいのです。気づいたら毎月かなりの生活費を使っていることもよくあります。ですから、まずは、

　　事業用の通帳と生活費用の通帳を分ける

ことが必要になります。分けた後は、事業用の通帳から生活費用の通帳に毎月決まった日に、いくら振り込むのかを決めることです。お給料日をイメージしてもらえるとわかりや

すいでしょう。

　たとえば、毎月1日に40万円を事業用の通帳から生活費用の通帳に移動して、40万円の範囲内で生活をすることになります。

　その際、生活費を見直すこともオススメします。

[生活費の削減に直結する4つ]

❶ 生命保険

❷ 住宅ローン金利

❸ 通信費（携帯代）

❹ 自動車ローン、自動車保険

など見直すと削減に大きくつながります。

　家計診断などは、ファイナンシャルプランナーが専門としてやっています。携帯電話の通信料など、契約プランを見直すだけで節約できるものがあります。何が削減できるのか専門家に相談してみるのもよいでしょう。

CHECK!!

この通帳分けは必ずやってください。いくら出ていくかがザックリわかると、自然と生活費の見直しができます

固定費を簡単に削減できる 4つの鉄板テクニック

◉ ベースは相見積もり

固定費として見直すべきものをみていきましょう。

そもそも大家さんは、支出となるものを比較検討しない人が多いのです。

 ビジネスでは、相見積もりは当たり前の世界

ですが、大家さんはあまりしません。管理会社さんからいろいろな業者さんを紹介される場合が多いのも事実です。

その管理会社さんとの関係上、紹介された業者さんにお願いするという事情もあります。

しかし、そのような場合に限って、「紹介された業者さんが良くなかった、高かった」という声はよく聞きます。

最終的に紹介された業者さんに選ぶにしても、**その業者さんが他の業者さんと比べて、どの点がよいのか、値段がどのくらい高いのか、知っておくべき**です。

たとえば、どんなものがあるでしょうか？

 大きく分けて、次の4つになります

（1） 火災保険

　火災保険は、融資を受けた銀行や農協、建築会社や不動産会社で加入するケースが多いと思いますが、**当初の諸費用予算に合わせてプラン設計をしている場合があります**。そのため、適正な契約内容にすることで、保険料が下がるケースもあります。

①保険金額

　建物の保険価額に基づいた保険金額が設定されている必要があります。建築時の外構工事費用（がいこう）の全額が加算されている場合は、補償されない駐車場の舗装費用なども含まれます。

　また、物件を購入した場合は

　　土地代金が含まれていないかの確認も必要

です。

　なお、火災保険における建物には、建物の基礎、門・塀・垣、延床面積（のべゆか）66㎡未満の付属建物（物置・車庫等）も保険の対象に含まれます。

②保険期間と免責金額

　火災保険の保険料は、保険期間5年以下と6年以上で異なる計算をしています。そのため、賃貸経営を長期で行うのであれば、

 6年〜10年の保険期間で契約しましょう

こうしたほうが、1年あたりの保険料は低くなります。

　免責金額については、0円〜10万円の範囲で定めることができますが、保険会社によって設定できる金額は異なります。保険金の支払い金額は、損害額から免責金額を差し引いたものになるので、**免責金額の設定額が大きいほど、保険料が低くなります**。

③契約プラン

　火災保険の契約プランは、基本的に付加するべき補償と立地や道路付けによっては付加しなくても良い補償があります。**基本補償としては、火災、落雷、破裂・爆発、風災・雹災・雪災、水ぬれ、盗難を付加するべき**です。

　立地や道路付けにより判断するのは、

 水災、破損・汚損・飛来

です。水災は、建物地域の「洪水ハザードマップ」を参考にし、建物への浸水予測を確認して付加するかの選択をします。補償の対象となるのは、床上浸水または地盤面より45cmを超える浸水を被った場合になりますので、洪水・融雪洪水・高潮・土砂崩れにより、その程度の災害予想がなければ付加しなくても良いでしょう。

　破損・汚損・飛来については、不測かつ突発的な事故によ

る建物損害が対象になります。たとえば、建物が道路から離れていて車が門や塀に突っ込んで来るリスクが低い場合は、飛来の心配は少ないでしょう。

④特約プラン

自動的に付加される特約に、損害保険金の一定割合を支払う諸費用保険金と地震火災費用保険金があります。これらは、**支払保険金の割合を下げることで、保険料を下げる**ことができます。その他、**マンションに限り、水災補償に支払い保険金額の限度額（10% or 30%）を設定し、保険料を下げる**こともできます。

（2）メンテナンス費用

アパートやマンションはいろいろなメンテナンス費用がかかります。代表的なものは次の3つです。

①エレベーターメンテナンス費用

エレベーターがついているような物件であれば、毎月メンテナンス費用がかかります。エレベーターメーカーがメンテナンスをやる場合もありますが、**別のメンテナンス会社にお願いすることも可能**です。メンテナンス頻度を調整することでも、月々の費用を抑えることが可能になります。

②消防設備点検費用

　消防用設備点検報告とは、消火器やスプリンクラー設備、自動火災報知設備などの消防用設備が、火災の際に正常に作動しないと人命にかかわることから、定期的に点検し、管轄する消防署へ報告する制度です。消防点検には次の2種類があります。

［消防点検の2種類］

> 機器点検：外観又は簡易な操作による確認をする、
> 　　　　　６月に１回
> 総合点検：実際に消防設備を作動させ、
> 　　　　　総合的な機能を確認する、１年に１回

　点検の業者さんは、インターネットで検索すれば、かなりの数が出てきます。なので、相見積もりを取って比較選択するだけで費用が抑えられると思います。

③清掃費用

　管理会社さんに清掃までお願いすることも多いでしょう。しかし、**清掃をどのくらいの頻度で、どこまでやったかの報告を受けている大家さんはあまり多くない**ように感じます。1回あたりいくらくらい清掃費で取られているか、計算すると意外に高額になっていたりします。アパートやマンション

の清掃だけを請け負う業者さんもいるので、そういう専門の
業者さんを検討してみる、もしくは、

シルバー人材で清掃をお願いする

ことができれば、大きく費用削減できる可能性もあります。

（3）通信費

最近は、入居者サービスとして、無料でケーブルテレビが
見られたり、インターネットにつなげられたりすることが、
当たり前のように行われています。これらは、大家さんが入
居者さんの代わりに、費用を出しています。1室あたり月額
いくらでと設定されていることが多いです。部屋数が多いと、
金額も相当なものになります。少しでも下げられないか、比
較をしてみてください。

（4）固定資産税

「固定資産税って下げられるの？」

という疑問があると思います。下げる方法はあるのですが、
専門的な内容になるので、詳しくは専門家に尋ねるか、拙書
（共著）「Q&A固定資産税は見直せる　適正納税の方法と実践」

（清文社）という本をお読みいただければと思います。しかし、大家さんとしてぜひやっていただきたいことは、

 固定資産税が間違っていないかどうか

の確認です。毎年、固定資産税の課税明細書が送られてきますが、そこに記載されている物件が自分の所有するものなのか、面積や構造は合っているか、下記を参考に確認をしてみてください。**意外に誤りも多く、余計な固定資産税を何年も払っていた**なんてこともあります。

［課税明細書のチェックポイント7つ］

❶ 単純ミス（名義人、対象地、構造、住宅軽減）

❷ 登記簿面積より実測面積の方が小さい場合

❸ アパートと駐車場が一体利用されているが、分離して評価されている場合

❹ 店舗・事務所から居宅に転用したが、住宅用軽減の適用がされていない場合

❺ 不整形の形をしている宅地だが不整形の減額がされていない場合

❻ 私道で非課税が受けられるが、非課税の申請していない場合

❼ セットバックにより道路になったが、道路での評価がなされていない場合

2種類の変動費を見直す 最強の支出削減法

（1）比較サイトで電気代を今日から削減

　共用部の電気代も年間にすると数万円～数十万円になったりします。特に、エレベーターがある物件では、月々の電気代で数万円になることが多いです。

　これらは、使用料に応じてかかるものなので、仕方ないと思われがちですが、2016年4月から、**電力の自由化**が行われました。いままでは、地域の決められた電力会社との契約しか認められていなかったものが、新規参入する電力会社との契約も認められることになりました。どこの電力会社と契約するかによって、

　　　簡単に電気代が下げられる

可能性があります。「電力会社が潰れたら、電気が供給されないのでは」と思いがちですが、そうではありません。電気を送電する会社は変えずに、契約窓口だけ替えるというものになります。たとえ、電力会社が潰れても、変更する前の電力会社に切り替わることになるので、心配することはありません。電力会社を比較するサイトもありますので、一度確認してみてはいかがでしょうか。

（2）ズサンにならない管理費削減のコツ

　管理会社の管理費は、家賃収入の5% 程度が相場になっています（地域によって異なるところもあります）。

　しかし、「管理する内容は同じでも、家賃が高いところと低いところで、払う金額が異なる」というのも疑問に思うでしょう。

　パーセンテージではなく、**金額として高い管理料を払っているのであれば、管理料を下げる交渉をすることも検討するべき**かと思います。

　もしくは、「管理料が低い管理会社」「1室あたりいくらと定額で管理してくれる管理会社」もありますので、いっそ管理会社を変えてしまうということも支出削減につながります。しかし、管理料を下げたり、管理会社を変えることによって、

 　管理がズサンになってしまっては、本末転倒です

　そのため、管理会社に何をどこまで、どのくらいの頻度でやってもらえるか、契約書などで明確にすることが大事です。

　管理内容が曖昧なまま管理をお願いしていて、実際に管理をあまりやってもらえていないという話を大家さんからよく聞きます。

　それは大家さん側の期待と、管理会社がやることが明確化されていないため、ズレが生じた結果だと思っています。そのズレが生じないようにしっかりと明確化したいものです。

誰でも超簡単にできる
修繕費削減の2ステップ

（1）数百万もリフォームにかけないで！

賃貸経営における支出で大家さんの頭を悩ませるのは、修繕費ではないでしょうか。

空室が出るたび、リフォーム費用がかかりますし、古い設備であれば、交換しなければならないところも出てきます。

空室期間が長いと、リノベーションといって、間取りや設備をガラッと変えて、部屋を生まれ変わらせることも必要になってきます。そこでよく大家さんから相談されるのが。

 修繕費をいくらまでかければよいのか？

ということです。

「家賃の○ヶ月分」などといろいろな意見はあるかと思います。しかし、明確な基準はないですし、**そんな基準をつくったところで、空室が埋まらなければ意味がありません。**

かといって、空室を埋めるために、1部屋300万円も400万円も支出していたら、お金が底をついてしまいます。

それにもかかわらず、不動産会社さんなどに提案されるまま多額の修繕費の支出をしている大家さんがいらっしゃいます。そういう大家さんは、修繕における根本的な考え方から修正する必要があります。

（2）やりがちなダメダメリフォームとは？

　不動産会社さんやリフォーム会社さんから、修繕を提案されることが多いでしょう。

「システムキッチンにしましょう」「畳ではなく、フローリングの部屋にしましょう」などと言われていませんか？

「たしかに、他の物件と比べると、ここが足りない。あそこが足りない」と思いあたります。「それじゃあ、仕方ない」といってやるリフォームは

　「足りないところを埋める」ためのリフォーム

です。これはオススメしません。確かにそれによって、空室が埋まるかもしれません。しかし、また空室になったときに、他の物件と比べていたら、さらに足りないところが出てくるでしょう。

　新しい物件はどんどん建っています。どんどん新しい設備も導入されていっています。それに追いつこうとして追いついても、また引き離されてしまうのです。このような修繕はいくらしてもキリがなくなってしまうのです。

　そこで、私がおススメしたいのが、

　「良いところを延ばす」リフォーム

です。部屋に足りない部分があってもよいのです。それでも、この部屋に住みたいポイントがあれば、入居してくれる

人はいます。

「良いところとは、何なのか」これが前章でも出てきた**「ターゲット」**や**「キャッチコピー」**なのです。これらを上手く活かすことができる修繕は積極的に行い、そうではない修繕はしないというように決めましょう。

たとえば、ターゲット「男子の学生さん」、キャッチコピー「コンビニから徒歩30秒」ならば、食事はコンビニ弁当などがメインになると思います。ですから

 機能的なキッチンを付ける必要がない

という判断になります。もちろん、コンビニが近くても、料理をしたい人もいると思いますが、そこはターゲットにしないということです。

また、ターゲットが「若い夫婦」で、キャッチコピーが「子育てしやすいマンション」ということであれば、

 和室は意外と重宝されることが多い

です。その場合、和室をフローリングにするよりも、和室を残したまま、別のところをリフォームした方がよいと判断します。

そのような観点で、やるべきリフォームとやらないリフォームを区分するようにします。

見積書から修繕費を削減する4つの神テクニック

見積書をもらったら、次の手順で修繕項目を見直します。

［見積書のチェックポイント］

❶ 見積書の工事内容と金額を書き出す

❷ 必須な修繕かどうかを区分する

❸「必須でない修繕」のする・しないを決める

❹「修繕をやる」と決めた項目について、
　代替可能なものがないか検討する

①見積書の工事内容と金額を書き出す

見積書の工事内容をちゃんと見ている大家さんは少ないと思います。

工事内容は口頭などで説明は受けていても、見積書に書かれていることが、よくわからないということで、記載内容を見ようとしないのです。

見積書の記載内容をまずは書き出してみて、**どこにどのような工事をするのか、その工事ひとつひとつがいくらなのかをきちんと把握すること**が重要です。

親しいリフォーム業者さんだと、見積書を出さなかったり、見積書は出したとしても、内訳が書かれていなかったりする場合がありますが、そこは、

　　きちんと出してもらいましょう

　工事内容と金額がわからない状態で発注するのは、普通の事業ではありえない話だと思います。

　もし工事項目が専門的に記載されていてよくわからないのであれば、リフォーム業者さんに聞いてください。

　その点を曖昧に済ませてはいけません。

②必須な修繕かどうかを区分する

　次に、「書き出した工事項目が必須なものなのかどうか」を区分します。

　必須かどうかという判断は、壊れた箇所を直す、汚くなった壁紙を張り替えるなど、

　　「そこを直さないと入居しないだろう」

という部分です。

　その基準で区分をしていくと、必須な修繕ではない工事項目が意外に多いのではないかと感じると思います。

業者に丸投げはダメなのね

③ 「必須でない修繕」のする・しないを決める

　必須な修繕にチェックが入らなかった項目について、やった方がよいかどうかを評価していきます。

　この評価は、

　　主観が入らないようにする

　ことがポイントです。主観が入ってしまうと、削減できないどころか、増加してしまう可能性があるからです。

　そこで評価基準と点数で自動的に評価する仕組みにしていきます。評価基準は次のとおりです。

［3つの評価基準］

❶ ターゲット
❷ キャッチコピー
❸ 予算

　それぞれを0点〜3点で点数をつけていきます。

　　ターゲットの評価基準です

　たとえば、男子学生がターゲットなのに対して、システムキッチンを導入することがプラスに働くのかどうか、という観点で診ていきます。

0点……全く当てはまらない
1点……少し当てはまる
2点……当てはまる
3点……非常によく当てはまる

で点数付けをしていきます。

 キャッチコピーも同様です

たとえば、キャッチコピーが「収納がたくさんある部屋」であるのに、お風呂のリフォームにお金をかけても、キャッチコピーに影響を与えないことになります。

それであれば、デッドスペースに収納棚を取り付けたり、クローゼットをウォークインクローゼットにしたりする方が、よりキャッチコピーを引き立てることになります。

そのような観点で、当てはまるのか、当てはまらないのかを評価していきます。

 あとは、予算です

その工事や設備が、費用対効果として高いのか、低いのかです。

クローゼットをウォークインクローゼットにするのに、200万円かかるのであれば、もしかしたら費用対効果としては、合わないかもしれません。

ここは、なかなか判断は難しいと思いますが、ある程度の相場を知っておくと判断できます。

　工事のたび見積書の内容を確認する経験を積んだり、別のリフォーム業者に見積もりを出してもらい比較などをすると、相場観がわかってきます。

> 0点……費用対効果が全くない
> 1点……費用対効果が多少ある
> 2点……費用対効果がある
> 3点……費用対効果がとてもある

　これら3つの項目の合計を出していき、数値が高いものは残し、低いものはやらないと決めます。数字でハッキリと表れれば、躊躇なく判断することが可能です。

④「やる修繕」の代替案を検討する

　最後に、修繕をやると決めた項目を見渡し、

　もう少し金額が落とせそうなものがないか

を確認します。

　たとえば、照明器具がLEDの照明器具を設置する見積もりになっていた場合、蛍光灯に替えることによって金額は下がります。

　このように、**グレードダウンするものに代替することによ**

って金額が下がらないかを検討します。

当然、グレードダウンすることで、見栄えや、耐久性が悪くなって、賃貸物件として支障をきたすものであれば、無理にやる必要はありません。

他には、

自分で調達することで、費用が抑えられる

こともあります。

たとえば、リフォーム業者にエアコンと、その取り付けを依頼するよりも、電気量販店でエアコンを買ってきて、取り付けてもらった方が安くなることもあります。

ドアノブやシャワーヘッドなども、ホームセンターで調達できますし、簡単に取り付けられることもあります。

これらも電気量販店やホームセンターに足を運んで、自分の目で品揃えや金額を常に確認しておくことが大事になります。

このような「日々の地道な努力が支出を削減できるかできないかの分かれ道になる」といっても過言ではありません。

CHECK!!

数値の把握→スクリーニングをしたあと、実行すると決めた項目をさらにつめましょう

［修繕費削減シートの例］

工事場所	工事項目	金額	必須	ターゲット	キャッチコピー	予算	評価集計	代替可能	修正後
				評価					
エアコン	ダイキン2.2W	87,500	○						87,500
インターフォン	TVモニターフォン	31,000		3	3	1	7	○	
玄関	土間フロアータイル施工	7,500	○						7,500
玄関	壁ボード張り替え　壁	31,000	○						31,000
玄関・廊下	クロス張り替え	15,400	○						15,400
廊下	フロアータイル施工	22,050	○						22,050
廊下	ソフト巾木張り替え	7,000	○						7,000
洗面所	クロス張り替え	13,000	○						13,000
洗面所	クッションフロアー張り替え	13,200		2	1	1	4		
洗面所	ソフト巾木張替	2,800	○						2,800
洗面所	洗面台キャビネット交換	31,000		2	1	1	4		
洗面所	ハンドル交換	3,600	○						3,600
洗面所	コーキング作業	2,500	○						2,500
浴室	混合水栓交換	53,000		3	2	2	7		53,00
浴室	混合水栓交換作業	18,500		3	2	2	7		18,500
浴室	コーキング作業	20,000	○						20,000
トイレ	クロス張り替え　壁	9,750	○						9,750
トイレ	クッションフロアー張り替え	6,600		2	1	1	4		
トイレ	ソフト巾木張り替え	2,800	○						2,800
DK	アクセントクロス張り替え	9,100		2	3	3	8		9,100
DK	クロス張り替え	20,900	○						20,900
DK	フロアータイル施工	81,900	○						
DK	ソフト巾木張り替え	8,400	○						8,400
DK	LED照明器具設置	15,000		2	2	1	5	○	
DK	窓枠穴埋め簡易補修	10,000	○						10,000
キッチン	天井照明器具設置	8,750	○						8,750
キッチン	シンク廻りコーキング作業	5,000	○						5,000
洋室手前	クロス張り替え	20,9000	○						20,900
洋室手前	LED照明器具設置	15,000		2	2	1	5	○	
洋室手前	カビ止め剤塗布	5000	○						5,000
洋室奥	クロス張り替え　壁	24,000	○						
洋室奥・DK	LED照明器具設置	15,000		2	2	1	5	○	
バルコニー	室外機用2段ラック設置	12,500	○						12,500
	諸費用								
代替案	TVミニターフォン								20,000
代替案	照明器具（蛍光灯）								10,000
代替案									
代替案									
小計		629,850							426,950
値引き		-72,350		値引きは当初見積もりの割合で算出しています。					-49,043
値引き後小計		557,300							377,907
消費税等		44,600							30,232
合計		602,100							408,139

3点　(ターゲットなどが) 合っている　　(費用効果が) 高い
2点　⇕
1点
0点　(ターゲットなどが) 合っていない　　(費用効果が) 低い

800万円の削減も可能!
金利交渉で手残りを
大幅に増やす

◉ 金利を1%下げる大切さ

　賃貸経営は、基本的に借り入れで行っている人が多いです。

　規模によっては、借り入れも多額になっている人がいらっしゃいます。

　そうすると金利についても相当な金額を払っていることになります。借入金が億単位だと

　金利が1%下がるだけで支出が大きく削減

できます。たとえば、7,000万円のローン残高、適用利率2.5%、残期間が20年間ある場合、適用利率を1.5%に下げる事ができれば、毎月の返済額を約33,000円下げることができ、年間約40万円の削減になります。

　さらに、残りの期間20年間の総額で、約792万円の支出が削減されます。

　このように、借入利率が1%程度下げられるケースはあるのですが、金融機関から

　引き下げ提案してくることは、ほとんどない

でしょう。大家さんもこの点をあまり意識していない人が

第
4
章　キャッシュフローの超改善② ケチケチしなくても支出は驚異的に減らせる!

多いように思います。

「長くお付き合いをしているから」「銀行がうちに対して悪いようにはしない」などと言って、金利の引き下げをお願いすることもありません。

　しかし、現実的に、同じ銀行でも他の大家さんが、より低い金利で借りていることが多々あります。

　それなのに、「なぜ銀行は金利を下げてくれないのだろう」と思いませんか。それは「金利を下げてください」と

 大家さんがお願いしないから

です。金利は銀行にとっては、収益源です。わざわざ収益源をなくすことはしません。

　しかし、通常の商売において業者同士の取引であれば、価格交渉は常に行われています。

　利益の綱引きのようなことが行われ、お互いに適正な価格に落ち着くのです。適正な価格にするために、交渉をすることは悪いことではありません。**言うだけタダのようなものなので、断られたら断られたでよい、程度の気持ちでいる**方がよいかもしれません。

◉ ２つの最強交渉テクニック

　金利交渉を行うにも、いきなり銀行に行って、「金利を下げてくれ」といっても撃沈するだけです。ここでも手順があ

りlongます。なお、固定金利の場合は、どんなに交渉しても金利
は下がりませんので気を付けてください。

①金利交渉の事前準備

　銀行は、どの顧客に低金利で貸し出しをするでしょうか?
それは、きちんと返済してくれる優良な顧客です。

　資産や収益が充分であることは当然ですが、これは急激に
良くなりません。それ以外には、経営者としての資質や技量
も影響してきます。これらは、努力で上げることができます。

　では、どうやって上げることができるのか?

　毎年、決算書や確定申告書を銀行から求められる人は多い
かと思いますが、銀行員が取りに来たり、郵送で送ったりし
ているのではないでしょうか?　私のオススメは、

 自ら銀行に出向いて、銀行員に手渡すこと

です。そして、決算書の内容を

 入居状況と昨年との変更点

の観点から伝える。この2点を、数字ベースで話ができる
とよいかと思います。専門的な話はできなくても、経営状況
の変化を把握しているのか、それに対してどう対応していく
のか。

　これが経営者としての手腕が問われるところで、銀行員が
見ているところになります。一番大事なのは、

 経営者意識があるかどうか

　です。自分ごとのように熱意を持って話ができるか。「管理会社に任せているから」という姿勢では評価されません。

②金利交渉の実践

　準備が整ったら、いよいよ金利交渉をしていくことになります。いきなり「金利を下げて欲しい」というよりは、ストーリーを作って、金利を下げる方向に持っていきましょう。

［金利交渉のトーク例］

　　最近の金利状況（新聞やネットの情報でよいので、
　金利が上がっているのか、下がっているのか）の話をする。

こんなに低金利なら
他に金利が安い金融機関も検討しなければならない。

お世話になった銀行を裏切るようなことはしたくない。

もう少し金利が何とかならないか。

　相手側が、金利を下げるのも仕方ない、と思える流れをつくるのがポイントになります。

交渉が失敗に終わったら借り換えを必ず検討する

◉ 借り換えにも費用がかかる

金利交渉が上手くいかなかった場合には、実際に他行に借り換えを検討してみましょう。借り換えの場合、気を付けなければならないのが、費用です。

［借り換え時にかかる費用］

- ・融資手数料
  （金額は金融機関による）

- ・収入印紙
  （融資金額に応じて金額が変化）

- ・(根)抵当権設定登記費用
  （登録免許税 債権額×0.4％、司法書士報酬）

- ・(根)抵当権抹消登記費用
  （登録免許税　土地・建物の数×1,000円、司法書士報酬）

- ・一括返済の違約金
  （固定金利を一括返済する場合など既存の金融機関で条件がある場合）

たとえば、7,000万円の借り換えの場合、想定される費用は次のとおりになります。

［7,000万円借り換え時にかかる想定費用］

融資手数料 ……………………………………………… 5万円

収入印紙 ………………………………………………… 6万円

（根）抵当権設定登記費用 ……………………… 35万円

（根）抵当権抹消登記費用 ……………………1万5,000円

※違約金がないと仮定

合計 …………………………………………… 47万5,000円

　この費用を手元資金でまかなうか、融資額に上乗せしてもらう必要があります。いずれにしても、

 これらの費用をかけてでもメリットがある場合

でなければ、借り換える意味がないことになります。
「担当者が冷たい対応だったから借り換える」などと一時的な感情で判断してしまうと、かかる費用が目に入らなくなってしまいます。

　あまり感情的にならずに、数字で損得を判断するようにしてください。

 7,000万円の借り換えを検討するなら最低47万円は手残りが増えなければ意味がないのね

経営を断然ラクにする
融資期間の3つの考え方

（1）借り換えの落とし穴

借入金残高が1億5,000万円、残年数が10年、3.5%の固定金利で借りられている大家さんがいました。

もともと資金繰りが厳しかったこともあり、何とかならないものかと考えていた矢先、ある銀行さんから、金利1.5%の固定金利で融資できるとのことで、借り換えを実行しました。

借り換えにあたり、違約金などの諸費用500万円になったが、こちらも合わせて融資できるという条件でした。

現在の返済額が月約150万円程度で、完済までの利息の合計が約2,800万円に及びます。

「借り換えた後は、返済額が月約140万円程度になり、完済までの利息合計が約1,200万円。

借り換え費用がかかったとしても充分メリットがある」と判断しました。

しかし、**実際に借り換えてみると、税引き後のキャッシュフローが全く楽にならなかった**のです。

というのも、

利息金額が減ることによって、税金が高くなる

ことを見込んでいなかったのです。返済額が月10万円減ったことにより、年120万円支出が減ります。

　それに対し、増加する税金（この人の税率は、所得税・住民税・事業税を合計して45%）が1年目で126万円ですから、キャッシュフローとしては悪くなっています。

[「利息が減る」 → 「税金が高くなる」の仕組み]

	借換前の利息	借換後の利息	減少する利息額	増加した税金
1年目	約500万円	約220万円	約280万円	126万円
2年目	約460万円	約200万円	約260万円	117万円
3年目	約410万円	約180万円	約230万円	103万円

（2）利息総額よりもキャッシュフロー改善を優先

　これではキャッシュフローが苦しくて、借り換えた意味がありません。

　では、借り換えない方がよかったのでしょうか?

　利息が高いままより、低い方がよいことは間違いありません。

　借り換えないままでも、利息は減っていきますので、いず

れ増加する税金によってキャッシュフローが苦しくなる時期は訪れます。「税金が高くなっても支払額が減る」ことを優先するべきだとは思います。

　しかし、**短い借入期間の場合、諸費用を上乗せして借り入れることでキャッシュフローが悪くなる可能性がある**ことを念頭に置かなければなりません。

　このケースでは、借り換えの際に、

返済期間を長く設定できないかどうか

を交渉すべきだったと考えます。この大家さんが仮に10年の返済期間を15年の返済期間にしていたら、年間500万円の返済額が減ります。税金が高くなっても、キャッシュフローは楽になったのではないでしょうか。

（3）金利よりも期間の改善が大切

　キャッシュフローの改善を目的に借り換えをする場合、「毎月の返済額を減らす」のと、「総返済額を減らす」のでは、どちらを重点に検討した方が良いのでしょう。

　たとえば、既存の借入内容が以下の場合、借り換えプラン①②のどちらを選択するべきでしょう?

［既存借入内容］

融資実行日	2003年6月
資金使途	RC一棟新築（土地・建物）購入
借入額	25,000万円（2018年6月時点の残額約14,820万円）
借入・返済方式	変動金利（年2回見直し）元利均等返済
予定利率	2.5%
返済期間	30年
毎月返済額	987,802円

［借り換えプラン］

借り換えプラン	プラン① （総返済額を減らす）	プラン② （毎月の返済額を減らす）
融資実行日	2018 年 6 月 25 日	2018 年 6 月 25 日
借入額	14,900 万円 （借り換え諸費用含）	14,900 万円 （借り換え諸費用含）
予定利率	1.5% 変動金利（年 2 回見直し）	3.0% 変動金利（年 2 回見直し）
返済期間	15 年	25 年
毎月返済額	924,907 円	706,574 円
毎月の返済軽減額	-62,895 円	-281,228 円

　総返済額を減らす目的であればプラン①になりますが、キャッシュフローの改善という観点では、

借り換えプラン②が適した選択

になると考えます。月々の資金繰りは、返済期間を延ばした方が楽になるのです。資金繰りが良くなる分、手残りも増やせます。利息の支払合計は増えてしまいますが、

 残った手残りを貯めて繰り上げ返済

をすれば、利息の負担もなくすことが可能です。

このように手残りを増やすことで、繰り上げ返済、新たな投資、物件の維持管理などの用途に使えることになります。

言い換えれば、

 「経営の選択肢が増える」

のです。これが経営の安定にも繋がることになります。

資金繰りが厳しいのであれば、金利よりも

 返済期間が長く取れる金融機関への借り換え

をおすすめします。

 なら、今の金融機関に支払い期間を延ばしてもらおうかしら？

今の金融機関に返済期間を延ばしてもらうことも可能です
が、その金融機関にとっては条件変更（リスケジュール）に
該当し、

 格付けが下がる可能性があります

　そうなると、今後の融資にも影響する恐れがあるため、返
済期間を延ばすのであれば、別の金融機関に借り換えした方
がよいでしょう。

CHECK!!

資金繰りが厳しいときの借り換えの原則は
「利息の支払合計」より「キャッシュフロー
の改善」を軸にしましょう

第5章

• REAL ESTATE MANAGEMENT •

キャッシュフローの超改善③

最低限の知識で
税金を減らす
無敵のテクニック

「節税」には３つの
カテゴリーがある

◉ 税金を抑えることはキャッシュに直結

　キャッシュフローを最大化するための方策3つ目は、税金を抑えることです。つまり、節税です。所得税、住民税などの税金もキャッシュが出ていくことになります。

　この税金を抑えないとキャッシュが増えないことになります。この3つのカテゴリーを順に説明していきましょう。

[節税の3つのカテゴリー]

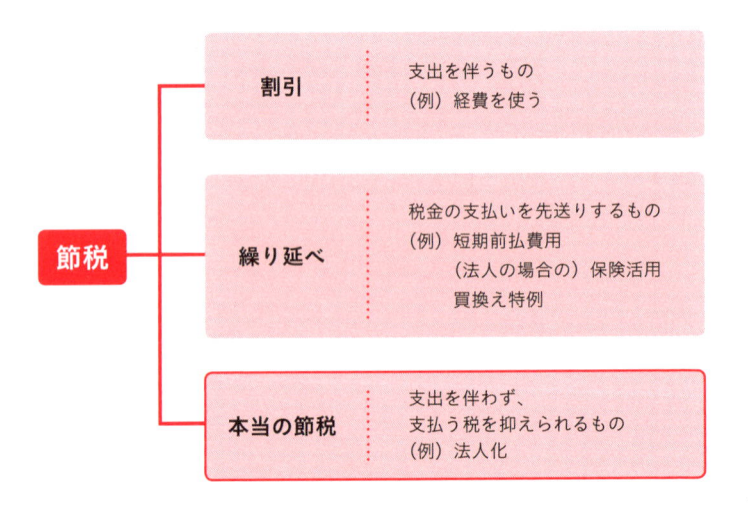

経費計上の神髄は「割引効果」にある

◉ 世間の代表的な節税＝経費計上

多くの人が挙げる代表的な節税といえば

「経費を多く計上すること」

ではないかと思います。

　節税のために経費を多く使うことと、前章でお伝えした「経費を削減すること」は矛盾することになります。

　経費を多く使った方がよいのか、経費を少なくした方がよいのか、どちらがよいのでしょうか?

◉ 経費を使うことは節税になるのか？

　実際に検証してみましょう。次ページの図を見てください。

　左側に実際の収支（キャッシュフロー計算）、右側に所得計算（確定申告で行う税金計算）が記載されています。

　支出が、確定申告の数字にどのように影響を与え、確定申告で計算された税金が支出にどのように影響を与えるかを見るための関係図になっています。

［経費を使うことは節税になるか？］

《500万円の経費を使った場合》

年間キャッシュフロー表　　（単位：万円）

不動産収入		3,000
生活費	500	
固定資産税・事業税	100	
管理費等	200	
借入金返済 (元本+利息)	1,380	
無駄な経費	500	
所得税・住民税	198	
支出合計	2,878	-2,878
手残り		122

年間所得計算表　　（単位：万円）

不動産収入		3,000
固定資産税・事業税	100	
管理費等	200	
借入金利子	880	
減価償却費	330	
(青色事業専従者給与)		
(青色申告特別控除額)		
無駄な経費	500	
不動産経費合計	2,010	-2,010
不動産所得		990
給与所得・雑(年金)所得		
総所得金額		990
所得控除額合計		200
課税所得金額		790
所得税・住民税		198

『無駄な経費』に500万円という数字が入っています。500万円の支出をすると、確定申告の数字にどのように影響があるでしょうか。

　当然、必要経費として経費が増えることになります。経費が増えると、税金は減ります。所得税と住民税を合わせて198万円になりました。この税金がキャッシュフロー計算の支出として出ていきます。結果的に122万円の手残りがあります。「経費を増やして、税金が減って、手残りが増えた！」と思うかもしれません。

 しかし、これは本当によかったのでしょうか

今度は、500万円の無駄な経費を使わなかった、つまり、0円で計算してみます。キャッシュフロー計算の『無駄な経費』は0円です。所得計算の『無駄な経費』も0円になっています。

経費を使わなかったので、確定申告書上の必要経費に計上する金額も少なくなったということです。今度は、税金が402万円になりました。500万円の経費を使った場合は、198万円だったので、倍の税金になったということです。

この402万円の税金が、キャッシュフロー計算の支出として出ていくことになります。

［税金は402万円に増えたが…］

《500万円の経費を使わなかった場合》

年間キャッシュフロー表　　（単位：万円）

不動産収入		3,000
生活費	500	
固定資産税・事業税	100	
管理費等	200	
借入金返済 (元本+利息)	1,380	
無駄な経費	0	
所得税・住民税	402	
支出合計	2,582	-2,582
手残り		418

年間所得計算表　　（単位：万円）

不動産収入		3,000
固定資産税・事業税	100	
管理費等	200	
借入金利子	880	
減価償却費	330	
(青色事業専従者給与)		
(青色申告特別控除額)		
無駄な経費	0	
不動産経費合計	1,510	-1,510
不動産所得		1,490
給与所得・雑(年金)所得		
総所得金額		1,490
所得控除額合計		200
課税所得金額		1,290
所得税・住民税		402

莫大な税金を払うことになりましたが、手残りは418万円

残っています。

　500万円の経費を使った場合は、122万円だったので、

　　　3倍以上手残りは増えています

　経費を増やすことで確かに税金を減らせることがわかりましたが、それ以上に手残りが大幅に減ってしまうことが判明しました。

　逆に言えば、**「無駄な経費を使うくらいなら、税金を払った方が手残りは確実に増える」**ということです。

　　　なぜこのような結果になるのでしょうか

　それは、支出（経費）はお金が100%出ていきますが、税金は100%出ていくわけではないからです。

　所得税は5%〜45%の間で、段階的に税率が適用されます。住民税は一律10%です。所得税・住民税を合わせると、15%〜55%の税率で税金を払うことになります。

　もし、自分の税率が30%の場合、100万円を経費で使うと、30万円の税金が減ることになります。しかし、70万円は実際にお金が出ていっているのです。

　つまり、経費を使うことは、節税にはなりますが、「お金を残す」という意味での

　　　「本当の節税」にはならない

ということです。経費を使えば税金は減ります。しかし、

支出も増えてしまうのです。

◉ 「経費計上」にひそむ落とし穴

結局、経費を使って節税するということは一体何なのか?
これは、

「割引き」という効果があった

と考えられます。経費を使ってどのくらい税金が減ったか
というと、自分の税率分だけ税金が減ったことになります。

たとえば、自分の税率が30%の場合、10万円のパソコンを
経費で購入すると3万円税金が安くなります。

つまり、10万円のパソコンを7万円で購入でき、30%割引
きになったということになります。

しかし、割引になるからといって、

その経費が本当に価値のあるもの

でなければ意味はありません。
「10万円するパソコンが7万円で購入できる。これはお買い
得といえるのか?」

という視点で判断するべきなのです。お買い得かどうかを
判断するには、割引率（自分の税率）を知らないといけませ
ん。自分の割引率（税率）が15%なのか、30%なのかによっ
て判断が変わると思います。

本当に必要な経費を見極めるための

 冷静な視点を持つことが大切です

　必要ないものを、節税（割引き）と称して、お金を使ってしまうと、どんどんお金がなくなります。

　バーゲンセールで洋服が50%引きになっているのを見て、「お買い得だ」といって衝動買いしたことを思い返してみてください。

　そして、購入したことに満足して、結局一回も着ることがない経験は誰にでもあるのではないでしょうか。

「節税」という言葉には、

 衝動買いを起こす魔力がある

　と思っています。

 どんなに割引された商品を買っても、必要がなければソンでしかないってのはわかるわー

そもそも
「繰り延べ」って何?

「繰延べ」の効果とは、どのようなものでしょうか?

　繰り延べとは、支払時期の先延ばしをする効果をいいます。

 今払うべき税金を先送りにする

ということです。税金の繰り延べの代表例として、

 短期前払費用があります

　短期前払費用は、所得税基本通達37-30に規定があります
（以下、要約）。

［所得税基本通達37-30］

・一定の契約に基づき継続的に役務の提供を受けるために
　支出した費用のうちその年12月31日においてまだ提供
　を受けていないもの（前払費用）を

・その支払った日から1年以内に提供を受ける役務に係る
　ものを支払った場合において

・継続して、その支払った年分の必要経費に算入している
　ときは、これを認める。

たとえば、火災保険（保険期間1年）を考えてみましょう。

原則は、その年に対応する期間の保険料分のみを必要経費に計上することになります。例として

3月1日に12万円（年払い）の保険に加入

した場合、3月から12月までの期間は10ヶ月になるため、期間按分で10ヶ月分の計算をします。

12万円×10月/12月＝10万円

2万円は、翌年の期間に対応するため、翌年の経費に回されます。

翌年の3月に、継続して年払いの保険料を支払ったときには、3月から期間が開始されるため、その年の経費とする金額は、

12万円×10月/12月＝10万円

と計算します。

前年から繰り越された2万円がありますので、年間で経費にできる金額合計は、

2万円+10万円＝12万円

になります。

これを、短期前払費用とすれば、1年目から、12万円を全額その年の必要経費にすることができるのです。

この場合、毎年継続して適用することが条件となるため、翌年以降も全額必要経費にしなければいけません。

　一見すると、得したように思いますが、この保険料を4年間かけた場合（5年目の2月末で解約）を考えてみましょう。

［原則処理VS短期前払費用処理の経費計上金額の比較］

	1年目	2年目	3年目	4年目	5年目	合計
原則の処理	10万円	12万円	12万円	12万円	2万円	48万円
短期前払費用	12万円	12万円	12万円	12万円	0万円	48万円

　1年目は短期前払費用の方が、2万円多く計上できますが、5年目は、2万円少なく計上されることになります。

　つまり、1年目で払わなくてよかった税金が、

　５年目に多く払う

ことになります。

　さらに、トータルで経費にできる金額48万円というのは変わりません。支払っている金額の合計が48万円なので、当然です。

　これが税金の繰り延べです。

　税金の繰り延べをしたところで

　基本的に支出も税金も減りません

税金を支払うタイミングを遅らせているだけになります。

つまり、税金の繰り延べをしたところで、

 手残りを増やすという効果はない

のです。手残りを増やすためには、『本当の節税』をしないといけません。

なお、『税金の繰り延べ』が全く意味がないかというと、そういうことではありません。

繰り延べをした年は、手残りが増えるので、その手残り金額を、別の投資に回すことができれば、さらに収入を増やすことができます。

また、**繰り延べによって、最後に収入になるタイミングを所得が低くなる時点にもってくれば、低い税率を使うことができて、トータルの税金額を減らせる**ことができます。

税金の繰り延べは、節税する時点（入口）よりも、収入になる時点（出口）をどう対策するかの計画立てることが非常に重要になってきます。

 私なら、手残りが増えた！　と勘違いして初めに使っちゃいそ〜。意図がない限り「繰り延べ」は意味がなさそうね

低い税率を使うコツ①
所得分散で「儲け」を
集中させない

◉ 1人頭の所得を減らす

　本当の節税とは、「お金が出ていかない節税」を指します

　これには、大きく分けて2つありますが、その1つに「低い税率を使う」というものがあります。具体的には

　　　所得分散をすると、低い税率が使えます

　個人にかかる所得税は、超過累進税率（もうけが大きくなるほど高い税率が課税される）のため**1人に所得を集中させると高い税金が取られます**。これを、別の人に所得を移して（所得を分散させて）、一人頭の所得を低くすると、低い税率を使えるのです。

［所得税の税率表］

(平成27年分以降)

課税される所得金額	税率	控除額
195万円以下	5%	0円
195万円を超え 330万円以下	10%	97,500円
330万円を超え 695万円以下	20%	427,500円
695万円を超え 900万円以下	23%	636,000円
900万円を超え 1,800万円以下	33%	1,536,000円
1,800万円を超え 4,000万円以下	40%	2,796,000円
4,000万円超	45%	4,796,000円

⦿ 青色事業専従者給与で所得分散

　所得分散の方法として挙げられるのは、青色事業専従者給与です。

　家族（同一生計親族）に対して給与を支払っても、経費にできないのが原則です。

　例外として

 青色事業専従者に対して支払う給与は、経費

にできます。ただし、次の要件を満たしている必要があります。

［青色事業専従者になるための5要件］

❶ 事業的規模であること

❷ 半年超（従事可能期間の1/2超）事業にもっぱら従事していること

❸ 適用をしようとする年の3/15までに税務署に届出すること

❹ 届出書に記載されている金額の範囲内で、実際に支払われたこと

今年から青色事業専従者給与を出したい人は、3月15日まで（1月16日以後に開業した場合や新たに専従者がいることとなった人は、その開業の日や専従者がいることとなった日から2月以内）の提出が必要です。

 実際、どのくらい効果があるのか見てみましょう

[（例）所得2,000万円の夫が奥さんに
600万円の専従者給与を出す場合]

【夫のみの場合】

夫の所得 ……………………………………… 2,000万円

夫の税金 ………………………………………720万円

【妻に600万円給料を出す場合】

夫の所得 ……………（2,000万－600万）1,400万円

夫の税金 ………………………………………448万円

妻の600万円給料の税金 ……………………… 85万円

720万円 ＞ 448万＋85万＝533万円

所得を分散することにより187万円税金安くなります。

夫からは、給与という支出が出ていきますが、家族全体としては、お金が出ていってません。（家族から）出ていくお金は変えずに、

税率だけを低くしている

　だけになります。結果的に、税金だけが減ることになるため、手残りは増えることになります。

　なお、青色事業専従者給与の金額は、「労務の対価として相当であると認められる金額であること」が要件になっています。

 労働と給与が見合ってないといけない

　ということになりますので、注意をしてください。
　規模や業務内容により大きく異なりますが、

 第三者を雇うとしたらいくら払うか

　で判断されるとよいでしょう。その他にも、

 不動産を共有にすることで、所得分散

　を図ることが可能です。

 家族という受け皿でみれば、手残りは大幅に増える！　超価累進税率を利用したうまい仕組みねー！

低い税率を使うコツ②
支出を伴わない控除を使う

◉ 支出を伴わない３つの控除

代表的なものは下記のとおりです。

①青色申告特別控除

不動産所得で欠かせないのが、「青色申告特別控除」です。

青色申告にする特典で、10万円控除と65万円控除があります。

青色申告にすることで、1室からの賃貸でも10万円の控除は適用できます。

65万円控除は、事業的規模（おおむね5棟10室以上）で、かつ、複式簿記により帳簿を付けていることが要件になります。

なお、5棟10室の事業的規模の判断ですが、サブリースなどの一棟貸しでも、部屋数で判定します。

また、共有の場合でも、全体の部屋数を共有持分で配分するのではなく、全体の部屋数で判定します。

事業的規模がある人は、65万円の控除を適用するべきです。

これらは、支出がなく、10万円もしくは65万円の控除（収入から控除してくれる）ができるのです。

たった、10万円しかないと思わないでください。

10万円の経費を使うのは、なかなか躊躇することではないでしょうか。

　10万円の経費を使ったのと同じ効果があるのです。

　しかも、お金は出ていきません。

　お金が出て行かずに、税金だけが減るので、手残りは増えることになります。

　なお、平成30年の税制改正により、平成32年1月1日から、65万円の青色申告所得控除額を55万円に引き下げられることになっています。

　ただし、帳簿を法律で認められた電子保存をしているか、電子申告を行う場合には、

　今まで通り65万円の控除が受けられます

　電子保存は、要件が細かく届出などの手続きが必要です。

　電子申告されていない方は、

　この機会に電子申告をしましょう

②給与所得控除

　給料をもらう人であれば、年収の5%〜40%を経費とみなし、実際に経費として支出していなくても給与の所得を圧縮してくれます。

　たとえば、年収800万円の場合、200万円の給与所得控除があります（平成30年時点。平成32年以降は190万円）。

それにより、600万円に対してのみ課税されることになります。

　200万円分を経費とみなしてくれるのです。実際に経費として支出していないのにもかかわらずです。サラリーマンが200万円経費として使うことはなかなか難しいと思いますので、かなり優遇されているといえます。

　なお、平成30年税制改正により、平成32年1月1日から、給与所得控除は次の通りになります。

《平成29年〜平成31年の給与所得控除額》

給与等の収入金額	給与所得控除額
180万円以下	収入金額×40% 65万円に満たない場合には65万円
180万円超　360万円以下	収入金額×30%+18万円
360万円超　660万円以下	収入金額×20%+54万円
660万円超　1,000万円以下	収入金額×10%+120万円
1,000万円超	220万円

《平成32年以降の給与所得控除額》

給与等の収入金額	給与所得控除額
162.5万円以下	55万円
162.5万円超　180万円以下	収入金額×40% 10万円
180万円超　360万円以下	収入金額×30%+8万円
360万円超　660万円以下	収入金額×20%+44万円
660万円超　850万円以下	収入金額×10%+110万円
850万円超	195万円

【平成 32 年以降の給与所得控除の注意点】

> ※その年の給与等の収入金額が 850 万円を超える居住者で、次の場合には、給与等の収入金額（その給与等の収入金額が 1,000 万円を超える場合には、1,000 万円）から 850 万円を控除した金額の 10% に相当する金額を、給与所得の金額から控除する。
>
> ❶ 本人が特別障害者
> ❷ 年齢 23 歳未満の扶養親族を有するもの
> ❸ 特別障害者である同一生計配偶者若しくは扶養親族を有するもの

　青色事業専従者給与を出すことや、法人化をして給与を出すことで給与所得控除が使えます。

③所得控除のうち人的控除

　所得控除とは、税金をかける前に、その人（納税者）の支出や家庭の状況などを考慮して、所得から控除してくれるものになります。その所得控除のうち、人的控除と言われるものは、その人自身や扶養している親族などが一定要件に該当した場合に、控除してもらえるものになります。

　つまり、その人などが要件に該当すれば控除されるものになるため、支出を伴わなく控除されるものに該当します。

【人的控除の種類】

- 基礎控除

  納税者全て受けられる控除

- 配偶者控除、配偶者特別控除

  一定の要件を満たす同一生計配偶者がいる場合に受けられる控除

- 扶養控除

  一定の要件を満たす同一生計親族（配偶者を除く）がいる場合に受けらけれる控除

- 障害者控除、障害者特別控除

  本人、同一生計配偶者又は扶養親族が障害者に該当する場合に受けられる控除

- 寡婦（寡夫）控除

  納税者が一定の要件を満たす寡婦（寡夫）に該当する場合に受けられる控除

- 勤労学生控除

  納税者が一定の要件を満たす勤労学生に該当する場合に受けられる控除

いろいろあって、頭がパンクしそう。私は税理士さんに相談しようかなぁ

「低い税率」と
「支出を伴わない控除」で
劇的にキャッシュを残す

● お金は出るけど実質減らない３つの節税

前項のように「低い税率」と「支出を伴わない控除」を

　　　上手にミックスさせて使うとかなりの節税

が図れますが、この他にも、お金は出ていくけれども、実質的にお金が減らないものがあります。代表的なものを３つ紹介しましょう。

①ふるさと納税

ふるさと納税は、地方自治体に寄付することで所得税・住民税から控除される制度です。

一定の算式により計算された上限（課税所得金額の2%程度）までは、2,000円の負担で全額所得税・住民税から控除されます。

ふるさと納税をしても、支出金額は変わらない（税金で払うか、寄付金で払うかの違いです）のですが、寄付をした地方自治体から特産品などの返戻品をもらえる点で、**実質的にはお金が減らさずに、特産品などがいただける**ことになります。

②小規模企業共済

　小規模企業共済とは、個人事業主の退職金制度です。

　掛金として積み立てた金額を将来共済金として受け取れます。掛金は月7万円が限度（年84万円）です。

　　その掛金を支払う場合、全額が所得控除

になります。支出はしますが、共済金として積みあがっていきます。

　将来、廃業や役員の退任などにより共済金を受け取ることが可能です（一時所得や退職所得などで所得税が課税されます）。

　なお、加入者が死亡した場合には、家族に共済金が支払われることになります。

　この共済金を相続人が受け取る場合には、「500万円×法定相続人の数」分だけ非課税になります（この金額を超える部分は相続税の課税対象になります）。

　この点で、**お金は出て行くけれども、お金が減らない**ことになります。

　加入者は、事業的規模の大家さんか、会社の役員である大家さんが対象になります。

　事業的規模があっても、

　　サラリーマン大家さんは加入できない

ことになっていますのでご注意ください。

③確定拠出年金

確定拠出年金とは、**ひと言でいうと、「年金の上乗せ」**です。

毎月一定額を拠出して、年金として積み立てておく制度です。

掛金が全額所得控除になる点で、小規模企業共済と同じ効果があります。

ただし、**原則60歳になるまで解約できないなど、いざというときに資金が使えなくなってしまう**点で注意が必要です。

小規模企業共済に加入できないサラリーマン大家さんであっても、加入することができるため、節税策としては有効かと思いますが、複雑な制度でもあるため、メリット・デメリットを理解した上で加入するようにしましょう。

【確定拠出年金のメリット・デメリット】

- メリット
  ❶ 掛金が全額所得控除になる
  ❷ 運用益が非課税になる
  ❸ 複利で運用できる

- デメリット
  ❶ 運用コストがかかる
  ❷ 運用によっては、元本割れをする可能性がある
  ❸ 60歳になるまで解約ができない

法人化すると節税の可能性は無限に広がる

◉ 個人節税に限界を感じたら法人化

個人の賃貸経営の場合、事業規模が拡大して収益が増えてくると、超過累進税率であることから、税金も高くなります。

しかし、個人の「お金が出ていかない節税」は、先に挙げたものくらいしかありません。

節税策が限られてしまうのです。

そこで、個人での節税策に限界を感じる所得になった場合、法人化を検討するようにしましょう。

 法人化といっても、一体何をするのか？

よくわからなくて、躊躇する方も多いのではないでしょうか。

法人化とは、一言で言うと、

 収入（所得）の受け皿を変える

ということです。

賃貸物件自体には、物理的な変化は何もありません。

法人を作って、賃貸物件から得られる収入（所得）の一部、もしくは全部をその法人に移転させることです。

では、法人に収入（所得）を移転させることで、どんな節

税ができるでしょうか。

それは、主に3つあります。

［法人の3つの節税効果］

> ❶ 法人の低い税率を利用する。
> ❷ 所得分散、給与所得控除が使える。
> ❸ 法人特有の節税策が使える。

それぞれ見ていきましょう。

①法人の低い税率を利用する

平成30年度の資本金1億円以下の普通法人の実効税率（法人税、法人事業税、法人住民税など実際に負担する税額の所得金額に対する割合）は次になります。

［普通法人の実効税率］

個人の場合、所得が330万円を超えると所得税・住民税で、

所得400万円以下	25.99%
所得400万円超800万円以下	27.57%
所得800万円超	33.59%

30%を超える税率になるため、所得が高くなればなるほど、

法人の方が有利になります。

例① 個人で所得2,000万円の場合：

> 個人の所得税・住民税・事業税の合計　約817万円

例② 個人所得1,000万円、法人所得1,000万円に分けた場合：
　個人の所得税・住民税・事業税の合計　約316万円
　法人の法人税・住民税・事業税の合計　約270万円

> 個人・法人の合計　約586万円

となり、例①と例②の差額は下記の通りです。

> 節税額（差額）231万円

※役員報酬は支出していない所得で計算しています。平成30年
4月1日以後事業年度の税率で計算しています。

②所得分散、給与所得控除が使える

　個人事業主の場合、基本的には実際に使った経費しか控除することはできません。

　一方法人の場合は、給与を支給することで、

　支払った給与は原則、法人の損金にできます

そして給与を受け取った個人は、給与所得で課税されます。

給与所得の場合、給与額に応じた「給与所得控除」という一定額を差し引いた額に税金がかかります。法人化して自分自身に役員報酬を支給し、家族に給与を支払う形にすれば、給与所得控除を受けることが可能になるのです。

　つまり、実際に経費を使わなくても

　　給与から給与所得控除額を差し引くことで

課税対象となる所得額が少なくなるというわけです。

　所得税は、所得が上がるほど税率も上がる超過累進税率なので、給与を支払う人数を増やして所得を分散すれば、税率を低く抑えることができます。

　なお、名ばかりの役員に給与を支払うと、

　　税務署から否認される可能性があります

役員としての実態が必要になります。

③法人特有の節税策が使える

　個人では節税策が限られていましたが、法人では、さらに節税の幅が広がります。

　ただし、これらの節税効果は

　　大きなものとは言えません

大きなものにしようと、支出を増やすとお金が残らなくな

る可能性があります。①、②の効果で十分法人化の効果があると判断した後に、これらの節税策を検討した方がよいでしょう。最初から、**「この節税策ありき」で法人化するかしないかの判断にしてしまうと、お金の残らない法人をつくる**ことになりかねません。注意しましょう。

 法人特有の節税策一覧は下記のとおりです

【支出のない控除】

○社宅家賃

自宅を賃貸している場合、会社契約に変更して社宅とすれば、家賃を法人の損金にできます。ただし、一定の家賃を会社に支払う必要はあります。

○出張日当

会社で旅費規程等を作成すれば、社長であっても出張に出かけた際の日当を支払うことができ、法人の損金にできます。日当を受け取った個人は非課税です。

○退職金

会社で退職金規程等を作成すれば、社長に退職金を支払えます。退職金は会社の損金になり、受け取った個人は退職所得となります。退職所得は勤続年数によって計算される退職所得控除額によって多額に所得を圧縮でき、さらに控除後の所得を1/2にできます。

ただし、平成24年度税制改正により、勤続年数が5年以下

の役員等は退職金を受け取った際、1/2にすることはできなくなりました。

【課税の繰り延べ】

〇生命保険の加入

　個人の場合、生命保険料控除で最大4万円の控除のみですが、会社で保険をかけた場合は、保険の種類等によって保険料は全額損金になります。

〇経営セーフティー共済の加入

　経営セーフティー共済は、個人の不動産所得しかない場合は加入しても経費計上できませんが、

 法人であれば経費に計上することが可能です

　セーフティー共済とは、**取引先が倒産し、売掛金が回収困難になった場合に、貸付けが受けられる共済制度**です。

　貸付けは、掛金総額の10倍（最高8,000万円）までの範囲内で、無担保、無保証人、無利子です。

　一定の規模（中小企業）で、引き続き1年以上事業を行っている個人又は法人のみ加入できます。

　個人で賃貸経営のみを行っている場合、加入はできますが、掛金を必要経費に計上することはできません。

　掛金を必要経費に計上することができるのは、個人の場合、事業所得者に限られ、不動産所得者は、必要経費が認められていません。

したがって、賃貸オーナーは、原則として、

 法人形態で経営している場合のみ

掛金を経費（損金）にすることができます。

 以下は加入のメリットです

掛金として支払った全額が必要経費（損金）になります。

掛金は、月額最大20万円までです。

ただし、掛金総額800万円までが積立限度額で、それ以上の金額は掛けられません。

解約した場合、

 掛金月数に応じて解約手当金が受け取れます

［解約手当金の一覧］

なお、解約手当金は、全額収入になりますので注意です。

加入年数	支給率
12ヶ月未満	0%
12ヶ月目〜24ヶ月未満	80%
24ヶ月目〜40ヶ月未満	6ヶ月単位で段階的に増加
40ヶ月目〜	支給率100%

5分で理解できる
法人化の4種類

　個人の収入（所得）をどのくらい移転できるかは、設立する法人の種類によります。

 法人化は大きく分けて2種類あります

　物件を所有する方式（所有型）と所有しない方式（非所有型）の2種類で、それぞれに個人から法人に移転できる所得が異なります。非所有型と所有型は何が異なるかというと、賃貸物件を所有するか、所有しないかの違いです。さらに

 非所有型と所有型も2種類に分けられます

［法人化の4種類］

非所有型
❶ 管理法人
❷ サブリース法人

所有型
❸ 土地建物所有法人
❹ 建物所有法人

● 非所有型法人の 2 種類

① 管理法人

[管理法人の仕組み]

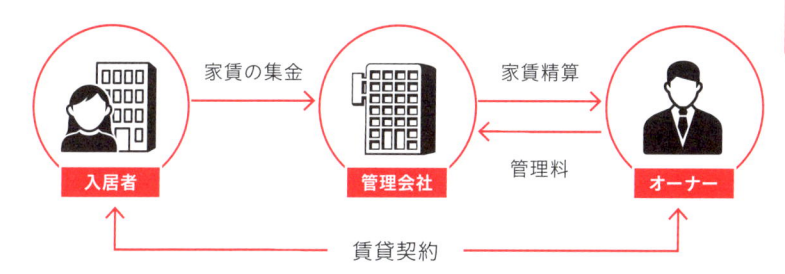

オーナーと入居者さんとの間に管理会社を入れて、家賃の管理や物件の管理をさせ、管理料としてオーナーから管理会社へ支払うことになります。

賃貸契約はオーナーと入居者になります。

オーナーが会社に対し管理料を払うことで、個人から法人に所得を移転させることができます。

管埋料収入として不動産管理会社に移転できるのは

家賃収入の最大 10% 程度が限度です

それ以上の管理料は税務署から否認される可能性があります。また、10%以下の管理料でも管理業務の実態がないと税務署から否認される可能性があります。

②サブリース法人

［サブリース法人の仕組み］

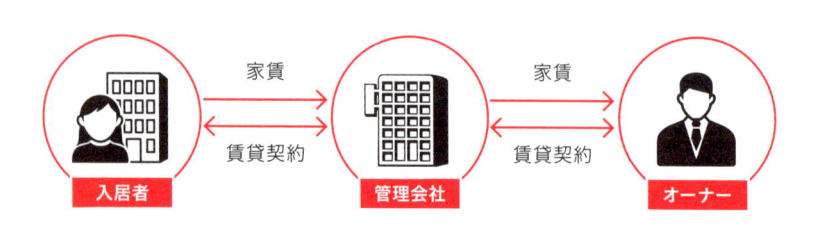

家賃　賃貸契約
入居者　管理会社　オーナー

　法人を設立し、その会社がオーナーから賃貸物件を一括借上げし、法人が入居者に賃貸（転貸）することになります。

　法人は入居者から家賃をもらいます。転貸しているので、法人はオーナーに家賃を支払います。

　入居者が退去しても、法人はオーナーから賃貸していることには変わりはないため、原則は通常どおり、オーナーへ賃料を支払うことになります。このように

 法人は空室リスクを負うことになります

　法人から個人に払う家賃は入居者からもらう家賃より低い金額で設定します。

　その家賃の差額分が法人の収入となり、個人から法人に所得を移転させることができます。

　この場合、借上賃料として不動産オーナーに支払う金額は、

満室賃料の80% 〜 85%程度が限度になります。

　つまり不動産管理会社に移転できる収入として、

　家賃収入の最大 15% 〜 20% 程度が限度です

　それ以上の収入を法人へ移転すると、税務署から高すぎると指摘を受ける可能性が出てきます。

◇　◇　◇

　このように、非所有型法人の場合には、家賃収入の5 〜 20%程度しか法人に移せないので、

　節税効果としてはあまり大きくありません

● 所有型法人の 2 種類

　家賃収入を全て法人に移転させるためには、名義そのものを法人にしなければいけません。

　アパートなどの賃貸物件を所有する法人を、所有型法人といいます。

　所有型法人についても2種類あります。

　会社を設立し、その会社に土地建物を所有させるのか、建物のみを所有させるのか、になります。

③土地建物所有法人

[土地建物所有法人の仕組み]

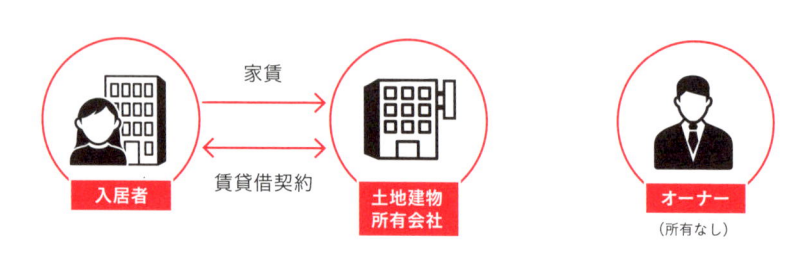

土地建物全てを法人が所有している形態。

物件購入当初から法人で所有している場合や、個人で投資していた不動産を、ある時期に法人に売却する場合などがあります。

④建物所有法人

[建物所有法人の仕組み]

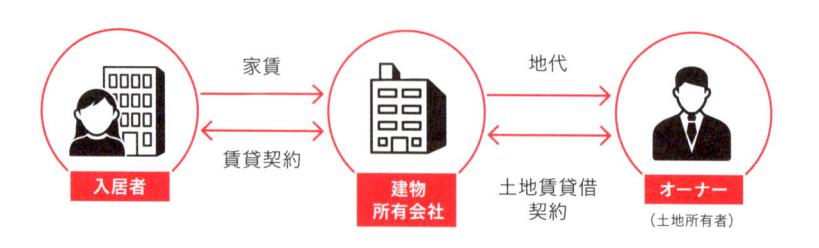

土地建物所有法人の場合、法人が土地建物を所有するのに対し、建物所有法人は、法人が建物のみ所有することになります。

土地は個人の所有のままです。

地主さんが、法人で建てたり、個人で建てたものを、法人に売却する場合などがあります。

建物が法人所有であれば、収入が全て法人に帰属することになりますので、家賃収入については、土地建物所有法人も建物所有法人も同じになります。

 何が異なるかと言うと、将来の相続税です

土地建物所有法人の場合、土地建物全てを法人が所有することで、個人は土地建物を所有しなくなります。

会社の株式を所有していれば、株式に対して相続税がかかることになります。

個人で土地建物を所有しているよりも、会社の株式で所有していた方が、一般的に評価は下がります。

建物所有法人の場合、**土地は個人の所有のままなので、土地について相続税がかかる**ことになります。

建物は法人のため、今後入ってくる家賃収入分が個人に貯まらず、財産（現預金など相続税の課税対象）が増えないことにつながるのです。

所得が800万円以上なら 法人化を必ず検討する

◉ 規模がないと法人化は意味がない

　法人化は、ある程度規模がないと、法人化するメリットがありません。というのも、ある程度の所得がないと、そもそも個人の税率が低いことから、節税額が大きくなりません。目安としては、

　所得（収入–経費）が 800 万円以上ある

　ことです。なお、サブリース法人、管理法人の場合は、収入の5%〜20%の範囲内でしか、所得を移すことができないため、以上に加えて、

　家賃収入が年 1,500 万円以上

　ないと効果が出ない可能性があります。
　これ以上の所得がないと法人化ができないというわけではありません。所得が低くても法人化はできますが、節税のメリットがでません。なぜならば、

　法人化をすることでコストが発生

　します。このコストは、設立時だけにかかるイニシャルコストと、法人を運営する間にかかるランニングコストがあり

ます。つまり、

 この２つのコストをまかなえる節税額

がないと意味がないことになります。これらのコストがか
かったとしても、法人化によるメリットがでるのかどうか。
数字でシミュレーションをすることをおすすめします。

● 法人化のイニシャルコスト一覧

（1）法人設立費用

【株式会社】	25万円〜30万円程度
【合同会社】	10万円〜18万円程度

（2）移転費用

〇個人の物件を法人に移転する場合

【登記費用】	固定資産税評価額×2%（土地の場合1.5%）＋司法書士報酬
	※借り換えの場合　債権金額×0.4%＋司法書士報酬
【不動産取得税】	（建物）　固定資産税評価額×3% 　　　　　　　　　　　　（※店舗・事務所建物の場合4%） （土地）　固定資産税評価額×1/2×3%

（3）譲渡税

　建物所有法人や土地建物所有法人にするとき、個人から法人への不動産の売買が生じるケースがあります。売却金額が簿価金額（取得価額から今までの減価償却分を控除した金額）を上回ると、

　　譲渡利益が発生し、譲渡税が課税される

ことになります。たとえば、帳簿価額7,000万円、借入金残高9,000万円の物件を、法人に売買金額1億円で移転しようとする場合、売買金額よりも借入金が上回っているため、売買自体は問題ありません。

　しかし、売買金額が帳簿価額を上回っているため、差額3,000万円（1億円−7,000万円）に対して譲渡税が課税されます。長期譲渡なら約600万円、短期譲渡なら約1,200万円です。譲渡所得の税率は、

　　短期譲渡か長期譲渡かによって異なります

- ◉ 短期譲渡＝譲渡する年の1月1日時点で5年以下の所有で税率が39.63%
- ◉ 長期譲渡＝譲渡する年の1月1日時点で5年超の所有で税率が20.315%

※譲渡する年の1月1日時点で判定

(4) 消費税

建物所有法人や土地建物所有法人にするにあたり、個人から法人への不動産の売買が生じる場合があります。

2年前の課税売上高が1,000万円を超えるなどの要件を満たしていると、課税事業者となって、消費税の納税義務が発生します。

住宅用物件であっても建物の売却は、消費税の課税取引に該当します。土地の売却は、非課税です。

◉ 法人化のランニングコスト

(1) 法人住民税の均等割り

個人事業の場合、赤字になれば所得税や住民税は発生しません。しかし、法人の場合は、もし赤字であったとしても法人住民税の均等割として毎年必ず7万円（地域によって異なる）の税金を支払う義務があります。

(2) 税理士報酬

個人事業であれば、確定申告を事業主自身が行うことも多くあります。しかし法人化すれば、会社の経理上、

 必ず帳簿をつけて法人税等の申告書も作成

しなければなりません。法人税申告書の作成は専門性が高く難しいことから、税理士に事務的な作業を依頼するのが一

般的で、それには費用もかかります。

　しかし、専門家から有益なアドバイスを受けられることも
あるため、費用がかかってもメリットと捉えることもできま
す。

（3）社会保険料

　個人事業の場合、従業員に給与を支払っていても、常時雇
用している人数が5名以下であれば社会保険への加入は任意
となっています。

　しかし法人の場合、代表者が1名だけであっても

　　社会保険への加入が義務付けられています

　社会保険には会社負担分があり負担額は増加傾向にあるた
め、今後大きな負担になる可能性があります。

　負担額は給与額の約30％（会社約15％、個人約15％の折半
で負担）になります。給与額が大きいとかなりの負担になる
ので、給与を出すか出さないか、出すならいくらにするかの
設計が必要になります。

CHECK!!

イニシャルコスト・ランニングコスト。法人
化はメリットも多いですが、出ていくお金も
また増えるのです

第6章

• REAL ESTATE MANAGEMENT •

借り換えと法人化で
手残りを
劇的に増やす

まずは物件所有を個人から法人に移そう

◉ 融資利用時の注意点

　法人化と借り換えを組み合わせると、キャッシュフローが劇的に改善する可能性があります。

　個人が所有している賃貸物件を、土地建物所有法人や建物所有法人にする場合、個人から法人へ物件を売買して、所有権を移転させることが一般的です。

　その際に、個人が所有する物件に借入金がまだ残っている場合には、売買代金によって、返済しなければなりません。

　設立したばかりの法人には資金がないことがほとんどなので、売買代金を調達するために、金融機関からの

　融資を利用する場合がほとんど

です。手順としては、次のとおりです。

キャッシュがあればシンプルだけど、そうもいかないのが悲しいところね

[所有を個人から法人に移すときの流れ]

❶ 個人と法人で売買契約の締結をする。

❷ 法人が金融機関より売買代金相当額の新規の融資を受ける。

❸ 法人が融資を受けた金額で、個人に対して売買代金を支払い、物件の引き渡しを受ける。

❹ 個人は売買代金をもって、既存の融資を返済する。

つまり、法人の借り入れが発生し、個人の借り入れがなくなることになる。

これは、実質的に

個人から法人へ借り換えしたのと同じ効果

があるのです。

個人が借りている既存の金融機関で、法人の借り入れもできなくはありません。ただし、あまり積極的に行わないと思われます。

金融機関内では、借入額が増えないからです。

ここで、法人の借入先を別の金融機関に申し込むのです。

この融資は

新規融資なので、条件交渉しやすい

のです。

金利だったり、借入期間を長く設定するなど、よい条件で融資してくれる金融機関を探すとよいでしょう。

　キャッシュフローを良くするためには、低い金利よりも、融資期間を長く取ることを優先するべき、というのは第4章で書いてある通りです。

［融資を利用した個人から法人への流れ イメージ図］

（例）個人が A 銀行で融資を受けていた残10年を、法人が B 銀行で新規融資を受ける際に借り入れ期間を15年にする。

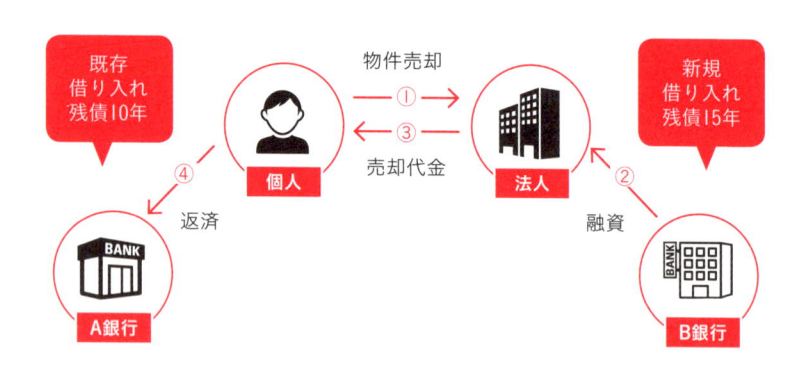

ゼッタイ押さえておきたい 借り換えによる法人化 7つのポイント

借り換えによる法人化をすすめるにあたって、注意すべき点は、次の通りです。

①売却金額 > 借入残高

個人と法人間の売買金額が、既存の借入金より上回っていないと、個人の借入金が残ってしまうことになるので、

実行は難しくなります

なお、個人と法人間の売買金額は、時価で行わければならず、勝手に金額を決めてはいけません。

②売却金額と簿価金額とのバランス

売却金額が簿価金額（取得価額から、今までの減価償却分を控除した金額）を上回ると譲渡利益が発生し、譲渡税が課税されることになります。

たとえば、帳簿価額7,000万円、借入金残高9,000万円の物件を、法人に売買金額1億円で移転しようとする場合、売買金額よりも借入金が上回っているため、売買自体は問題ありません。

しかし、売買金額が帳簿価額を上回っているため、差額3,000万円（1億円 − 7,000万円）に対して

 譲渡税が課税されます

長期譲渡なら約600万円、短期譲渡なら約1,200万円です。

減価償却のスピードを早めるとこのケースに陥りがちになります。

なお、現物出資による移転でも、税金上は、法人に譲渡したと同様に扱われますので、譲渡税の問題が発生します。

③一括返済時の違約金

既存の借り入れが固定金利の場合、一括返済することで違約金がかかることがあります。

違約金がかかるかは、借り入れの契約書（金銭消費貸借契約書）に記載されています。違約金の条件は、

 金融機関によって異なります

契約書などで必ず確認しておくようにしましょう。違約金が多額になるため、法人への移転を断念することも少なくありません。

固定金利は、金利が固定されることで、経営の見通しが立てやすいというメリットがあります。反面、違約金が生じる可能性があるため、

 法人化や借り替えがしにくい

というデメリットがあります。

④移転費用

　法人へ移転にあたり次の登記費用や不動産取得税がかかります（2018年時点）。

［移転費用の一覧］

【建物を移転する場合】

登録免許税 …………………… 建物の固定資産税評価額× 2%

不動産取得税 ………………… 建物の固定資産税評価額× 3%
（住居以外の場合は 4%）

【土地を移転する場合】

登録免許税 ………………… 土地の固定資産税評価額× 1.5%
（売買の場合）

不動産取得税 ……… 土地の固定資産税評価額× 1/2 × 3%
（宅地の場合）

【（根）抵当権設定をする場合】

登録免許税………………………………………… 債権額× 0.4%

※登記を司法書士に依頼する場合、司法書士報酬が発生します。

これらを合計すると高額になる可能性があります。節税額とこの費用を比べて、何年で回収できるのかが法人化の判断ポイントになります。

⑤社会保険

法人を設立すると、代表者が1名だけであっても社会保険の強制加入となります。

社会保険は会社負担分があり、今後も増加傾向にあるため大きな負担になる可能性があります。

今後は、マイナンバーにより

社会保険の未加入法人が明確になります

社会保険料を考慮して、役員報酬の金額をいくらにするかのシミュレーションが必要になってきます。

⑥会社運営コスト

個人の場合には赤字であれば税金が発生しませんが、法人の場合には

赤字であっても均等割が課税

されます。均等割は資本金や従業員の数などによって異なります。

会社の経理上、必ず帳簿をつけなればなりません。

また、法人税等の申告も作成しなければならないため、専

門家に依頼した方がよい場合もあります。その場合には、依頼する費用がかかります。

⑦消費税

住宅用の賃料は、非課税です。

しかし、住宅用物件であっても、

 建物の売却は、消費税の課税取引に該当

します。ちなみに土地の売却は、非課税です。

法人に売却した年が課税事業者になっていれば納税することになりますし、免税事業者になっていれば納税する必要はありません。

また、売却した年は免税事業者になっていても、売却した建物の価額が1,000万円超であれば、

 2年後には課税事業者になります

2年後に、別の物件を売却する場合には、建物売却金額に消費税が課税されますのでご注意ください。

 けっこう条件が多いのね。これだけ苦労が多いなら、その節税効果も期待できるのかしら？

手残りを約2000万円 増やした 借り換え＋法人化の奥義

◉ 3つの事業計画表で比較

次の3つの事業計画表をご覧ください。

①個人で金利2%、融資期間20年
②個人で金利3%、融資期間25年
③法人で金利3%、融資期間25年

どれも収入や経費の条件は変えていません。融資部分だけを変えたものになります。

異なるのは、金利、融資期間、個人か法人か、ですが、これらを比較することで何を優先して融資を受けるのかが見えてきます。

≪前提条件≫
・給与所得800万円
・建物金額5,000万円（耐用年数47年、定額法で減価償却）
・家賃収入1,000万円/年、諸経費200万円/年
※税理士報酬、社会保険等は考慮していません

①個人で金利2%、融資期間20年

	経過年数	1	2	3	4	5	6	7	8	9	10	11	12	13	14	15	16	17	18	19	20
	家賃収入	1,000	1,000	1,000	1,000	1,000	1,000	1,000	1,000	1,000	1,000	1,000	1,000	1,000	1,000	1,000	1,000	1,000	1,000	1,000	1,000
	空室損失	0	0	50	50	50	50	50	100	100	100	100	100	150	150	150	150	150	200	200	200
	NET家賃収入	1,000	1,000	950	950	950	950	950	900	900	900	900	900	850	850	850	850	850	800	800	800
所得計算	支払利息	196	187	179	170	162	153	143	134	125	115	105	95	84	74	63	52	41	30	18	6
	減価償却（建物）	110	110	110	110	110	110	110	110	110	110	110	110	110	110	110	110	110	110	110	110
	その他経費	200	200	200	200	200	200	200	200	200	200	200	200	200	200	200	200	200	200	200	200
	青給・特別控除	65	65	65	65	65	65	65	65	65	65	65	65	65	65	65	65	65	65	65	65
	所得	429	438	396	405	413	422	432	491	400	410	420	430	391	401	412	423	434	395	407	419
	給与所得	800	800	800	800	800	800	800	800	800	800	800	800	800	800	800	800	800	800	800	800
	所得控除	150	150	150	150	150	150	150	150	150	150	150	150	150	150	150	150	150	150	150	150
	課税所得	1,079	1,088	1,046	1,055	1,063	1,072	1,082	1,041	1,050	1,060	1,070	1,080	1,041	1,051	1,062	1,073	1,084	1,045	1,057	1,069
	収入	1,000	1,000	950	950	950	950	950	900	900	900	900	900	850	850	850	850	850	800	800	800
	借入返済（元本+利息）	607	607	607	607	607	607	607	607	607	607	607	607	607	607	607	607	607	607	607	607
	諸経費	200	200	200	200	200	200	200	200	200	200	200	200	200	200	200	200	200	200	200	200
キャッシュフロー計算	税金（所得税・住民税）	315	319	300	304	308	312	316	302	305	306	311	315	298	302	307	312	317	300	305	310
	給与に係る税金	154	154	154	154	154	154	154	154	154	154	154	154	154	154	154	154	154	154	154	154
	不動産所得に係る手残り	33	29	-3	-7	-10	-14	-19	-51	-55	-59	-64	-68	-101	-105	-110	-115	-120	-153	-158	-163
	手残り累計	33	61	58	51	41	26	7	-44	-98	-158	-221	-289	-390	-495	-605	-720	-840	-992	-1,150	-1,313
	借入金残高	9,589	9,170	8,742	8,306	7,861	7,407	6,944	6,471	5,989	5,497	4,996	4,484	3,962	3,429	2,886	2,331	1,766	1,189	600	0

（単位：万円）

②個人で金利3％、融資期間25年とした場合

	経過年数	1	2	3	4	5	6	7	8	9	10	11	12	13	14	15	16	17	18	19	20
	家賃収入	1,000	1,000	1,000	1,000	1,000	1,000	1,000	1,000	1,000	1,000	1,000	1,000	1,000	1,000	1,000	1,000	1,000	1,000	1,000	1,000
	空室損失	0	0	50	50	50	50	50	100	100	100	100	100	10	150	150	150	150	200	200	200
	NET家賃収入	1,000	1,000	950	950	950	950	950	900	900	900	900	900	850	850	850	850	850	800	800	800
	支払利息	296	287	279	270	261	252	242	232	222	211	200	189	178	166	154	141	128	115	101	87
所得計算	減価償却（建物）	110	110	110	110	110	110	110	110	110	110	110	110	110	110	110	110	110	110	110	110
	その他経費	200	200	200	200	200	200	200	200	200	200	200	200	200	200	200	200	200	200	200	200
	青給・特別控除	65	65	65	65	65	65	65	65	65	65	65	65	65	65	65	65	65	65	65	65
	所得	329	338	296	305	314	323	333	293	303	314	325	336	297	309	321	334	347	310	324	338
	給与所得	800	800	800	800	800	800	800	800	800	800	800	800	800	800	800	800	800	800	800	800
	所得控除	150	150	150	150	150	150	150	150	150	150	150	150	150	150	150	150	150	150	150	150
	課税所得	979	988	946	955	964	973	983	943	953	964	975	986	947	959	971	984	997	960	974	988
	収入	1,000	1,000	950	950	950	950	950	900	900	900	900	900	850	850	850	850	850	800	800	800
	借入返済（元本＋利息）	569	569	569	569	569	569	569	569	569	569	569	569	569	569	569	569	569	569	569	569
キャッシュフロー計算	諸経費	200	200	200	200	200	200	200	200	200	200	200	200	200	200	200	200	200	200	200	200
	税金（所得税・住民税）	271	275	257	560	264	268	273	255	260	264	269	274	261	262	267	273	279	263	269	275
	給与に係る税金	154	154	154	154	154	154	154	154	154	154	154	154	154	154	154	154	154	154	154	154
	不動産所得に係る手残り	114	110	79	75	71	67	62	30	26	21	16	11	−22	−27	−32	−38	−44	−77	−84	−90
	手残り累計	114	224	303	378	449	515	578	608	633	654	670	681	659	632	600	562	518	441	357	268
借入金残高		9,727	9,446	9,156	8,858	8,550	8,233	7,907	7,570	7,224	6,866	6,498	6,119	5,728	5,325	4,911	4,483	4,042	3,588	3,121	2,639

（単位：万円）

③法人で金利3%、融資期間25年とした場合

	経過年数	1	2	3	4	5	6	7	8	9	10	11	12	13	14	15	16	17	18	19	20
	家賃収入	1,000	1,000	1,000	1,000	1,000	1,000	1,000	1,000	1,000	1,000	1,000	1,000	1,000	1,000	1,000	1,000	1,000	1,000	1,000	1,000
	空室損失	0	0	50	50	50	50	50	100	100	100	100	100	150	150	150	150	150	200	200	200
	NET家賃収入	1,000	1,000	950	950	950	950	950	900	900	900	900	900	850	850	850	850	850	800	800	800
所得計算	支払利息	296	287	279	270	261	252	242	232	222	211	200	189	178	166	154	141	128	115	101	87
	減価償却(建物)	110	110	110	110	110	110	110	110	110	110	110	110	110	110	110	110	110	110	110	110
	その他経費	200	200	200	200	200	200	200	200	200	200	200	200	200	200	200	200	200	200	200	200
	役員報酬控除前所得	394	403	361	370	379	388	398	358	368	379	390	401	362	374	386	399	412	375	389	403
	給与所得	380	380	380	380	380	380	380	380	380	380	380	380	380	380	380	380	380	380	380	380
	課税所得	14	23	-19	-10	-1	8	18	-22	-12	-1	10	21	-18	-6	6	19	32	-5	9	23
	法人税等	10	10	10	10	10	10	10	10	10	10	10	10	10	10	10	10	10	10	10	10
	収入	1,000	1,000	950	950	950	950	950	900	900	900	900	900	850	850	850	850	850	800	800	800
	借入返済(元本+利息)	569	569	569	569	569	569	569	569	569	569	569	569	569	569	569	569	569	569	569	569
キャッシュフロー計算	諸経費	200	200	200	200	200	200	200	200	200	200	200	200	200	200	200	200	200	200	200	200
	法人税等	10	10	10	10	10	10	10	10	10	10	10	10	10	10	10	10	10	10	10	10
	家族役員報酬に係る税金	33	33	33	33	33	33	33	33	33	33	33	33	33	33	33	33	33	33	33	33
	法人及び役員に係る手残り	254	254	204	204	204	204	204	154	154	154	154	154	104	104	104	104	104	54	54	54
	手残り累計	254	507	711	914	1,118	1,321	1,525	1,678	1,832	1,985	2,139	2,292	2,396	2,500	2,603	2,707	2,810	2,864	2,917	2,971
	借入金残高	9,727	9,446	9,156	8,858	8,550	8,233	7,907	7,570	7,224	6,866	6,498	6,119	5,728	5,325	4,911	4,483	4,042	3,588	3,121	2,639

(単位:万円)

◉ イチバン経営が安定する方針とは

どれが一番手残りが多く、経営として安定するのかというと、

 ③の法人＋融資期間延長のパターン

ということがわかります。

金利が低いことよりも、融資期間を長くする方が手残りは残ります。さらに、法人化すると、節税も加わって、手残りが一番多く残ることになるのです。私が実際に関与して法人化を使った借り換えをしたビフォーアフターです。

［ある大家さんの借り換えのビフォー・アフター］

借入残	1億7,000万円	元利均等金利 1.75％	残10年
	2,000万円	元利均等金利 1.26％	残4年
税金	500万円／年		
返金	2,450万円／年		
手取り	△200万円／年		

 法人借り換え

借入残	2億500万円	元利均等金利 2％	残25年
税金	250万円		
返済	1,040万円／年		
手残り	1,700万円／年		

もともと手残りがマイナスだった大家さんが、プラス1,700万円になって、2,000万円ほど収支が改善されています。

これは、法人化、つまり節税だけでは成し遂げられなかったことです。税金部分は、年間500万円から250万円に改善されています。これだけでも節税額としては、相当な金額だと思います。

◉ 節税の限界を知ることが大切

しかし、250万円キャッシュフローがよくなったところで、もともとマイナス200万円のキャッシュフローは多少よくなったとしても、決して安心できるレベルではありません。

支出の大半を占めていた借り入れの返済を改善しないと、

絶対にキャッシュフローはよくならなかった

のです。税理の知識のみで、大家さんを助けるのは限界がある、と私は思っています。税理士である私が、税金だけではなく、収入や支出についてのアドバイスをするというのは、他の税理士からすると、異色の存在だと思います。

しかし、キャッシュフローを改善するには

節税だけでは限界がある

のです。収入や支出の部分が改善するアドバイスをして、実行してもらって、ようやくキャッシュフローは改善するも

のなのです。

◉ 資金繰りが悪いのは税金のせいか？

「資金繰りが苦しいから税金を減らしたい」

　そんな相談をよく受けます。しかし、仮に税金が0円になったとして、資金繰りが楽になる人は少ないと感じています。つまり、**税金が、資金繰りを悪くしている根本的な原因ではないこと**が多いからです。

　　○空室が多くて家賃収入が入らない
　　○無駄な支出、無駄遣いが多い
　　○借り入れの返済が多い

　多くの場合これらが原因です。それなのに悪化の原因に目を背けたいのか、税金のせいにしてしまうのです。本気で資金繰りを改善したいのであれば、いち早く根本の原因に向き合い、対策を打っていきましょう。

CHECK!!

キャッシュフローの改善はトータルなもの。「入ってくるお金」・「出ていくお金」が土台としてあるので、「節税」だけで達成しようとするのは困難です

キャッシュに余裕ができたら 今度こそ根本問題を 解決する!

● 借り換えは一時しのぎにすぎない

借り換えをしても、借金は減らないのではないか?

一時的なキャッシュフローは良くなっても、借金が減らないのでは、問題解決になっていないのではないか?

そんな疑問をもつ人もいらっしゃると思います。

 その通りです

借り換えによって、期間を延ばしているだけにすぎないので、根本的な問題解決にはなっていないのです。

結局、一時しのぎをさせているだけなのか?　と思う人もいらっしゃるでしょうが、私は、借り換えは

 賃貸経営のリスタートをさせている

と考えます。

そもそも賃貸経営は右肩下がりのビジネスモデルです。

最初に大きく手残りが残り、徐々に減っていくことになります。

バリューアップをすることで一時的に収入や手残りは増える可能性がありますが、そこからまた下がっていくのです。

ですから、最初に多く残るキャッシュを将来に向けて、しっかりと貯蓄しておかないといけないのです。

　言い換えれば、その貯蓄を怠ってきたからこそ、キャッシュフローが厳しくなったのです。

　借り換えによって、増えた手残りを、無駄遣いして、使ってしまっては、また同じ繰り返しになります。

　この先また

 キャッシュフローに困窮する時期が必ずきます

　ですから、そうならないために、今度は、しっかりと計画立てて貯蓄をするのです。

　借り換えはそのためのリスタートと考えましょう!

第 7 章

• REAL ESTATE MANAGEMENT •

長期修繕計画の作成で経営を確実に安定させる

均等割で着実にお金を貯め 大規模修繕に備えよう

◉長期修繕計画を立てないのは大家さんだけ？

キャッシュフローを最大化できたら、どうするのか。

せっかく増やしたキャッシュフローでも、無駄遣いをしてしまえば、また資金繰りに窮することになります。

将来の賃貸経営に充てるべきでしょう。

特に、今はよくても、将来、大規模修繕がかかってきます。

先の修繕費を見込んで、キャッシュが残るうちにしっかりと貯めておきましょう。概算でも大規模修繕の予算がわかれば、次に

均等割して、年間にいくらずつ貯めればいいのか

を計算しましょう。

それをさらに毎月の積立額に落とし込み、準備をしていきます。たとえば３年後に100万円の工事が見込まれるなら、逆算して月に３万円ずつ積み立てるわけです。

この貯蓄を修繕積立金といいますが、きちんと計画立てている大家さんは少ないです。

でも、これは

とても危険なことです

分譲マンションでも、管理組合によって長期修繕計画が作られて、分譲所有者から毎月修繕積立金を徴収しています。

また、不動産ファンド、J-REITなどの投資を目的とした不動産でも修繕積立金を積み立てています。

つまり、事業として当たり前として考慮するべき積立金を、

大家さんだけが積み立てていないのです

● なぜ、修繕積立金を積み立てないのか？

なぜ大家さんは修繕積立金を積み立てないのでしょうか。

先々の修繕のことをあまり考えない、というのが一番の原因かもしれません。

また、**修繕積立金をどのくらい計上するべきか難しく、正確に算出するには、長期修繕計画を作らなければならない、**というのも原因でしょう。

規模にもよりますが、長期修繕計画を作成するだけでも費用が多額にかかることから、二の足を踏んでいることもあります。さらに、修繕積立金は、

一切経費になりません

経費にならないということは、税金を払った後のキャッシュから積み立てることになります。

ただでさえ、少なくなっている手残りの中から、経費にな

らない支出を出すというのは、なかなかできることではないのでしょう。

　ちなみに、修繕積立金が経費になる場合があります。いわゆる分譲マンションの修繕積立金です。アパートやマンションを所有する大家さんは経費にできません。

（注）下記の４つの要件に該当する場合にのみ、支払った時点で修繕積立金を経費にすることができます。

修繕積立金を経費にできる４つの用件

❶ 区分所有者が、管理組合に対して修繕積立金の支払義務を負うこと

❷ 管理組合は修繕積立金について、区分所有者への返還義務を有しないこと

❸ 修繕積立金は、将来の修繕等のためにのみ使用され、他へ流用されるものでないこと

❹ 修繕積立金の額は、長期修繕計画に基づき各区分所有者の共有持分に応じて、合理的な方法により算出されていること

一般的な分譲マンションの修繕積積立金以外は、経費にすることは難しそうね

プロでも知らない人が多い 修繕積立金を 経費にする裏技

◉ 個人と法人で異なるので注意

修繕積立金そのものを経費にすることはできませんが、それに替わる掛金や保険料を経費にすることは可能です。

（1）個人の場合

小規模企業共済（P147）を利用します。

小規模企業共済は、掛金（月額最大7万円）が全額所得控除になります。

この掛金は積み上がっていきますので、これを修繕積立金として利用するのです。

実際に修繕するときは、解約をすると戻ってきます（一時所得などになって税金はかかる）。

なお、**納付月数が240月（20年）未満の場合には、掛金合計額を下回る**ので、ご注意ください。

目減りはしますが、掛金を払うときに節税になっているので、

トータルで損にならないようにコントロール

すればよいのです。

解約返戻金は、掛金納付月数が12月（1年）以上84月（7年）未満の場合80％、84月から6月単位で支給率が段階的に増加し、240月（20年）以上246月（20年6月）未満では支給率100％、以降段階的に増加し、最高で120％となります。

（2）法人の場合

法人で賃貸経営をすれば、より選択肢は増えます。

①法人保険を利用する。

法人で生命保険を掛けた場合には、積立型の保険に加入したとすれば、保険の種類や期間によって異なりますが、

 半分を経費にすることができます

保険によっては、保険期間次第で、解約返戻金を掛金以上にすることが可能です（期間を過ぎると解約返戻金が下がるものもあります）。

解約返戻率が高くなる時期を見計らって、大規模修繕を行うように計画を立てることが重要です。

なお、解約返戻金は、掛金の資産計上している分を超える部分の金額が収入になります。

大規模修繕によって、経費になる部分（損失）とぶつける

ことによって、税金を抑えることが可能になります。

②セーフティー共済を利用する

　掛金として支払った全額（月20万円まで）が必要経費（損金）となり、解約した場合、解約手当金が受け取れます。

　40ヶ月以上の掛金で、解約手当金の支給率は100％になります。

　100％になる支給率のときで、大規模修繕を行うようにしましょう。

　支給率が100％になれば、その後はいつ解約しても100％は変わらないため、**生命保険よりも大規模修繕の時期の調整は難しくはない**と言えます。

　ただし、掛金総額800万円までが積立限度額で、

　　それ以上の金額は掛けられません

　なお、解約手当金は、全額収入になります。

　大規模修繕によって、経費になる部分（損失）とぶつける必要があるのは、保険の場合と同様です。

CHECK!!

制約と条件は多いですが、ただ貯蓄するより手残りは増えるので覚えておきましょう

メンドくさがりでもできる シンプルな長期修繕計画の 立て方

◉ プロにストレートに聞いてみよう

修繕積立金を積み立てようにも、長期修繕計画を作成しなければ、いくら積み立ててよいかがわかりません。

多目に積み立てておくことに越したことはありません。

しかし、手残り全てを積み立てるわけにもいかないため、ある程度の目安の金額を知りたいと思うことでしょう。

では、

どのように計画表を作ればよいのでしょうか

一級建築士、一級建築施工管理技士や住宅診断士などの専門家であれば、正確なものは作成できます。

しかし、規模によっては、調査だけでも相当な金額になったりします。

費用を安くあげたいのであれば、管理会社やリフォーム業者に、ストレートに聞いてみることがよいでしょう。

「防水は5年後かな、いくらくらい」「外壁は10年後で、いくらくらい」と金額を提示してくれます。

ただし、新築時や修繕時の施工の質・陽当たりの程度・通気・風圧・地盤などにより、箇所ごと・部分ごとに、劣化状

況の程度が異なります。

　リフォーム業者によっては、劣化の程度がそんなに進んでない箇所にもかかわらず、「足場を組むから、ついでにやってしまいましょう」と言って、かなり多額になってしまうこともあります。

　そうならないように、劣化の進行の程度に応じて修繕を行う、

　分散修繕という選択肢もある

ことも知っておくと良いでしょう。

◉ 建築コストの 0.5％ ～ 1.0％が目安

　また、最近の仕様資材の材質は、品質の改良により、耐用年数が長くなっているものがあります。

　箇所ごとの劣化状況の程度差は、さらに広がってくると思われます。

　そうすると、やはり専門家に聞かないとどうしようもないことになってしまうので、

　目安となる修繕積立金の概算額

をお伝えします。

　一般的な数値として、**建築コストの0.5％～1.0％前後を大規模修繕として年間積み立ての目安にすることが多い**です。

この時点では概算でもかまいませんので、ざっくりいくらかかるか把握できるわけです。

　実際に**大規模修繕を行う際には相見積もりを取るので、それで概算より安くなる可能性も充分に考えられます。**

子どもが
幸せになる
最高の事業継承法

まずは相続時に
経営が悪化する仕組みを
理解しよう

◉ 深刻を極める大家さんの事業承継問題

これまで、いかにキャッシュフローを最大化して、将来の修繕費を積み立てておきましょうと言ってきました。それは、

　最終的には、事業承継に繋げるためです

というのも、賃貸経営の事業承継は、かなり深刻な状況だと思っています。

相続対策を主眼として行われてきた賃貸経営は、「事業承継」という観点がないがしろにされていると感じます。

　次の事例を見てください

15年前（父70歳）のときに、相続対策を目的に、所有する土地のうえに1億円の借り入れをして、1億円の賃貸物件を建築しました。

借り入れ条件は、返済期間30年、利率2％、元利均等返済で年間443万円の返済です。

建築当時は、年800万円の家賃収入が入ってくるので、何とかなると思っていました。

そして、15年後（父85歳）の現在では、厳しい現実が待っ

ていました。

年800万円あった家賃収入は下がり、年700万円になっています。

毎年、固定資産税が30万円、修繕費80万円、その他経費が40万円出ていきます。

借り入れの返済は、変わらず443万円が出ていきます。

年金収入が年間200万円あるものの、生活費で年間300万円かかるので、足りない部分は不動産賃貸のほうからまかなわなければなりません。

すると、手残りは、年間で7万円しか残りません。

［相続時の経営が厳しくなる仕組み］

家賃収入 (A)	700万円
固定資産税	30万円
借入金返済	443万円
修繕費	80万円
その他経費	40万円
支出合計 (B)	593万円
年金収入 (C)	200万円
生活費 (D)	300万円
手残り (A) – (B) + (C) – (D)	7万円

かなりカツカツの状況です。

この先に手残りが好転するかというと、そうはなりません。「賃貸経営は右肩下がりのビジネスモデル」です。

むしろ、より手残りは少なくなります。

築20年目くらいまでには、大規模修繕費用もかかるでしょう。

築15年目から10年間の事業計画表を見てみると、明らかです（次ページ）。

手残りがマイナスの状態が続くのです。

一体、誰が

 この物件を引き継ぎたいと思うのでしょうか？

子どもたちに相続税を負担させたくないという思いから、賃貸経営を始めたのかもしれませんが、持っているだけでマイナスになるような賃貸物件ならいっそ

 相続税を払った方がよかったのかもしれません

 子どもの負担を軽減したい気持ちが、逆に負担になるなんて皮肉ね

［相続後10年間の事業計画表］

	経過年数	15	16	17	18	19	20	21	22	23	24
所得計算	家賃収入	700	700	700	700	700	700	700	700	700	700
	空室損失	0	0	35	35	35	35	35	70	70	70
	NET家賃収入	700	700	665	665	665	665	665	630	630	630
	租税公課	30	30	30	30	30	30	30	30	30	30
	支払利息	118	111	105	98	91	84	76	69	62	54
	減価償却（建物）	523	322	322	322	322	322	322	322	0	0
	修繕費	80	80	80	80	80	80	80	80	80	80
	大規模修繕						500				
	諸経費	40	40	40	40	40	40	40	40	40	40
	青給・特別控除	0	65	65	65	0	65	65	65	65	65
	不動産所得	-91	52	23	30	102	-456	52	24	353	361
	雑所得（年金）	80	80	80	80	80	80	80	80	80	80
	合計所得金額	-11	132	103	110	182	-376	0	0	293	441
	所得控除	100	100	100	100	100	100	100	100	100	100
	課税所得	0	32	3	10	82	0	0	0	193	341
所得計算	収入	700	700	665	665	665	665	665	630	630	630
	租税公課	30	30	30	30	30	30	30	30	30	30
	借入返済(元本+利息)	443	443	443	443	443	443	443	443	443	443
	修繕費	80	80	80	80	80	80	80	80	80	80
	定期修繕費	0	0	0	0	0	500	0	0	0	0
	諸経費	40	40	40	40	40	40	40	40	40	40
	税金(所得税・住民税)	0	5	0	2	12	0	0	0	29	60
	年金収入	200	200	200	200	200	200	200	200	200	200
	生活費	300	300	300	300	300	300	300	300	300	300
	手残り	7	2	-28	-30	-40	-528	-28	-63	-92	-123
	手残り累計	7	9	-19	-49	-89	-617	-645	-708	-800	-923

（単位：万円）

2代目大家さんを
ポジティブ大家さんに
させるコツ

◉ 進む2極化の構造

このような状況から、賃貸経営を引き継ぎたくないという人が増えています。

カツカツの手残りしか残らない賃貸物件なら、現金でもらいたいと思うのでしょう。

そして、事業承継した2代目オーナーさんは、大きく2つに分かれる傾向にあります。

ポジティブ大家さんとネガティブ大家さん

です。ポジティブ大家さんは、賃貸経営に積極的で、厳しい賃貸経営を、自らの（サラリーマン）経験を使って、創意工夫をしようとする人です。

ネガティブ大家さんとは、賃貸経営に消極的で、早めに売却して手放すことを考える人です。

この2極化が進んでいます。

ネガティブ大家さんになってしまうと、せっかく親御さんががんばってこられた賃貸経営が意味のないものになってしまいます。

どうせならポジティブ大家さんになってもらい、不動産を

守っていってもらいたいと思うでしょう。

では、どのような人がポジティブ大家さんになって、どのような人がネガティブ大家さんになるのでしょうか?

ポジティブ大家さんにはなる人は

 引き継ぐ前に賃貸経営にタッチしてきた人

です。一方、引き継ぐまで経営にタッチしなかった人は、ネガティブ大家さんになりやすいと言えます。

親御さんが賃貸経営をやっていたことはわかっているけれども、勤め先の仕事に追われて、賃貸経営を手伝ってこなかったのです。

そのような人が、相続を機に賃貸経営をやることになったとしても、何をしたらよいか戸惑ってしまうのです。

結局、「修繕費の支出が多く面倒」「管理会社・入居者さんとのやり取りが面倒」「借入金が多く残っていて面倒」などといって、売却を考えてしまうのです。

ポジティブ大家さんになってもらうには、

 早め早めに、承継者に賃貸経営に触れてもらう

ことが重要と思います。

 具体的には何をすればいいのかしら?

事業承継のために
今日からするべき
3つのこと

◉ 事業継承には手順がある

　中小企業の事業承継に力を入れている中小企業庁が発行するパンフレットに、事業承継の手順というものが乗っています。

[事業継承の3ステップ]

❶ 経営の見える化
❷ 会社の磨き上げ
❸ 事業承継

①経営の見える化

　まずは、会社の経営状況を把握し、事業をこれからも維持・成長させていくために、利益を確保できる仕組みになっているか、商品やサービスの内容は他社と比べて競争力を持っているかなどを点検しましょう。

②会社の磨き上げ

　次に、会社の磨き上げです。

パンフレットには、親子のこんなやり取りが載っています。

父（社長）
「自分が頑張ってきた会社なので、何とか息子に引き継ぎたいという気持ちが強かったです。事業承継に向けて経営改善に取り組んだことで、私の気持ちが息子に伝わったようです。」

息子
「会社の業績が低迷していたので、事業に対する将来性が感じられず、事業を継ぐ意思が固まりませんでしたが、黒字化に向けた抜本的な取組は、自社の企業価値を改めて認識し直すきっかけとなりました。」

③事業承継

　そして、事業承継ですが、親族への承継は、「できるだけ早い段階から、経営者と後継者の二人三脚で、事業承継に向けた取組を始めましょう。経営者の想い、経営理念を共有することが重要です」とあります。

これは、賃貸経営も全く同じだと思います。

　賃貸経営の事業承継を成功させるには、次の3つが重要なのです。

①資産状況、収支状況を把握して、現状を分析する

まずは、現状分析をして、キャッシュフローが出ない原因を突き止めます。「空室が多く、収入が少ないのか」「無駄な支出が多いのか」「税金の支払いが多いのか」物件ごとに分析していくことで、対策が見えてきます。

②引き継ぎたくなる賃貸物件に収支改善を行う

キャッシュフローがマイナスの状態だと、引き継ぎたくないと思ってしまいますが、キャッシュフローが充分にプラスの状態だと、引き継ぎたいと思ってもらえる確率は高いでしょう。そこで本書で学んだキャッシュフローを最大化する方法を使うのです。

- ・収入を上げる
- ・支出を削減する
- ・税金を抑える

という計画（収支改善計画）をたててみましょう。

③問題解決スキルを身につけさせる

事業承継は、いくら口で言っても、想いや理念は伝わりません。これらは、実際に経験していかないとわからない部分です。

そこで、子供が実際に賃貸経営を経験することが重要にな

ってきます。

つまり、

 親子で事業改善計画を立て、実行する

のです。まだ賃貸経営の経験が未熟な子供に、親が教えてあげながら、実際に経営させてみる。

賃貸経営が改善していくところを見せてあげれば、興味も湧いて、引き継ぎたいと思うようになるのです。

これが本当の事業承継だと思っています。

● 「体が動かなくなってから」では遅すぎる

「賃貸経営はまだまだ自分ができるから、自分の身体が動かなくなってきたときに事業承継を考える」という大家さんは多いです。

「まだまだ現役でいたい。引退するのは惜しい」と思うからでしょうが、その時点で対応をしても、

 はっきり言って、遅いです

賃貸経営のキャッシュフローが悪くなってきて、「収支を改善しないと」と思ったときがチャンスです。

事業承継に早すぎるということはありません。

せっかくご自身で守ってきた賃貸経営を子供に引き継がせるためにも、しっかりと子供と向き合いましょう。

おわりに…賃貸経営は絶対に改善できます！

　私が実家の賃貸経営を引き継いだときには、絶望の淵にいるような気持ちでした。

「何で自分がこんな目に合わないといけないのか」「こんな借金があるなら、不動産なんて、いっそない方がよかった」毎日こんなことを考えていました。

　しかし、そんなことを考えていても、始まりません。

「もう、やるしかない！」

　自分の運命を受け入れてから、人生が180度変わりました。

　賃貸経営の素人がここまでできたのは、改善できると信じて、最後まで諦めなかったからです。

　賃貸経営は絶対に改善できます！

　当時の私のように賃貸経営で大変な思いをされている人はまだまだいらっしゃいます。私は、これからも全国の困っている大家さんを救っていきたいと思っています。

　でも、私一人だけの力では到底難しいと実感しています。そこで、「大家さんのために一緒に問題解決をしていく」と決意した税理士を集めたネットワークを作りました。

　大家さん専門税理士ネットワークKnees（ニーズ）という名前です。税理士のフランチャイズ組織で、各地で税理士パートナーを増やしていき、全国対応できるようにしていきま

す。ホームページも作っています。コラムも連載しているので、よかったらご覧いただければと思います。

（大家さんの知恵袋https://knees-ohya.com/）

　本書を書くにあたり、ぱる出版の荒川三郎さんには、お世話になりました。また、イラストを書いてくれた、はるたけめぐみさんにも、大変お世話になりました。「もっさり感を増して、イケメン過ぎないように描いてください」という変な注文にも快く応じてくださり、ありがとうございました！

　また、いつも支えてくれる家族には、本当に感謝してもしきれません。子供3人の世話を一人でみてくれている妻、休日にもあまり遊んであげられないにもかかわらず、文句も言わない子供たちの支えがあったからこそ、執筆ができました。

「本当にいつもありがとう！」

　そして、最後の最後のこのような部分までお読みいただきました読者の皆様、ありがとうございました。本書があなたの賃貸経営改善の一助になれたら、著者としてこんなに光栄なことはありません。

　2018年10月

税理士大家 渡邊浩滋

渡邊 浩滋（わたなべ・こうじ）

税理士、司法書士、宅地建物取引士。税理士・司法書士渡邊浩滋総合事務所代表。

1978年、東京都江戸川区生まれ。明治大学法学部卒業。税理士試験合格後、実家の大家業を引き継ぎ、空室対策や経営改善に取り組み、年間手残り-200万円の赤字経営から1400万円までV字回復をさせる。大家兼業税理士として悩める大家さんのよき相談役となるべく、不動産・相続税専門の税理士法人に勤務。退職後、2011年12月に、同事務所設立、現在に至る。司法書士の資格を活かし、不動産のスペシャリストとして税務だけでなく法律面の観点からもトータル的なアドバイスを提供。2018年には、大家さん専門税理士グループ「Knees(ニーズ)」を設立し、フランチャイズ展開を開始。日本全国の大家さんを救うべく、日々精力的に活動している。

『「税理士」不要時代』（幻冬舎）、『相続対策の常識ウソ？ホント？』『大家さん必携！ライフサイクルから考える賃貸経営の税務Q＆A』（ともに清文社）、『大家さんのための超簡単！青色申告』（クリエイティブ ワークステーション）、『大家さん税理士による 大家さんのための節税の教科書』（ぱる出版）など著作多数。

はるたけ めぐみ

主にビジネス漫画や少年漫画。企業キャラクターデザインなどで活動中。
著書コミックエッセイ「絵描きオカンの日々。(BookWave)」
「電子書籍　天帝の翼（エコーズ株式会社）」など。
【ＨＰ】http://harutake.wixsite.com/k3company

税理士大家さん流 キャッシュが激増する無敵の経営

2018年11月13日　　初版発行

著　者	渡　邊　浩　滋	
発行者	常　塚　嘉　明	
発行所	株式会社　ぱる出版	

〒160-0011　東京都新宿区若葉 1-9-16
03（3353）2835 ─ 代表　03（3353）2826 ─ FAX
03（3353）3679 ─ 編集
振替　東京 00100-3-131586
印刷・製本　中央精版印刷(株)

IBN978-4-8272-1142-9 C0033